Die Weisheit der Zen-Meister

MYŌKYŌ-NI
IRMGARD SCHLÖGL

DIE WEISHEIT DER ZEN-MEISTER

MIT EINEM VORWORT
VON
CHRISTMAS HUMPHREYS

AUS DEM ENGLISCHEN
VON MICHELLE BROMLEY UND ULRICH BECK

WERNER KRISTKEITZ VERLAG

Titel der Originalausgabe: »The Wisdom of the Zen Masters«.

ISBN 978-3-932337-46-8

www.kristkeitz.de

Inhalt

Vorwort

Bevor man den Versuch unternimmt, die seltsamen, aber doch faszinierenden Aussprüche der Zen-Meister zu verstehen, unter denen Frau Dr. Schlögl hier eine derartig bewundernswerte Auswahl getroffen hat, mag es hilfreich sein, die besondere Stellung der Zen-Schule innerhalb des Buddhismus zu betrachten, die im gesamten Bereich der Religion wohl nicht ihresgleichen hat.

Gautama der Buddha lebte im sechsten Jahrhundert v. u. Z. im Nordosten Indiens. Traditionsgemäß versammelten sich seine Schüler nach seinem Tod und einigten sich aufgrund Ihrer gemeinsamen Erinnerung über ein umfangreiches Korpus seiner Ansprachen. Diese wurden danach niedergeschrieben und bilden seitdem den Pāli-Kanon, das sind die Schriften des Theravāda oder der Südlichen Schule, wie sie heute in Śrī Laṅkā, Birma und Thailand vertreten ist. Dies ist die älteste Schule des Buddhismus, die überlebt hat, und sie bietet in jedem Fall eine großartige sittliche Philosophie oder Lebensweise.

Aber schon bald gab es Aufspaltungen, wie es bei allen Religionen vorkommt, sei es wegen bestimmter Details in der Lehrmeinung selbst, oder sei es wegen wesentlicher Weiterentwicklungen verschiedener Aspekte der Lehre. Diese Entwicklung vollzog sich in unterschiedlichen, manchmal sogar entgegengesetzten Richtungen, doch entstammen all die Schulen, die sich auf diese Weise innerhalb der nächsten tausend Jahre bildeten, von der Erleuchtung des Buddha ab, und die grundlegenden Prinzipien sind wohl allen gemeinsam.

Die tiefgründigste Entwicklung stützt sich auf Nāgārjuna (2. Jh. u. Z.), einen der größten Geister des Buddhismus. Seine Mādhyamika-Schule, ein »mittlerer Weg« zwischen den Extremen Nihilismus und Eternalismus, zerstört schonungslos den Glauben an irgendein getrenntes Ding und beweist, dass alles im Saṃsāra, der Welt, in der wir leben, leer, hohl und insgesamt Nichts ist. Alle Dinge existieren im gewöhnlichen Sinn des Begriffes, aber kein Ding existiert eigenständig.

Diese Lehre, die in der berühmten Literatur »der transzendenten Weisheit« niedergelegt ist, bildet den metaphysischen Hintergrund der Zen-Schule, geht aber weit über bloße philosophische Diskussion hinaus. Sie basiert auf der spirituellen Erfahrung von Menschen, die bis zum Ende des Denkens dachten und dann weit darüber hinausgingen. Hier ist der geistige Ausgangspunkt, von dem der Zen-Anhänger, durch das intensive Üben unter seinem Meister angespornt, ins Unbekannte hineinspringt und – das Selbst im Inneren findet. Und wenn er sich selbst findet, entdeckt er, dass er auch alle anderen ›Selbste‹ ist, die alle auf die gleiche Weise eins sind mit demselben Buddha-Herzen, und dass es tatsächlich »keine anderen gibt«. Wie wir es in *Die Stimme der Stille* von H.P. Blavatsky lesen können: »Schau nach innen, du *bist* Buddha.«

Aber auch diese hohe Ebene des Bewusstseins muss in Gedanken und Begriffen und den daraus entstehenden Schriften ausgedrückt – und daher auch eingegrenzt – werden. Gleichwohl war die Erleuchtung des Buddha in ihrem Kernpunkt ein Ausbrechen aus diesem Bereich der Begriffe mit seinen Fesseln der Dualität. Gautama wurde schließlich der Buddha, als er mit dem Bereich jenseits der Begriffe verschmolz, mit der Nichts-heit, die gleichzeitig All-heit ist, mit dem lebendigen Ganzen, das er »das Ungeborene, Anfangslose, Ungeformte« nannte, welches tausende von Namen hat, aber kein Dasein, das unser Geist verstehen könnte.

Es kam die Zeit, da diese Grundgedanken und ihre Auswirkungen auf die spirituelle Entwicklung des Menschen von Indien nach China gelangten. Nach der Überlieferung geschah es im 6. Jh. u. Z., dass Bodhidharma, ein berühmter indischer Weiser, in der Hauptstadt Chinas ankam und als berühmter Gelehrter an den Hof des Kaisers geladen wurde. Die daraufhin folgende Unterredung war sicherlich eine der dramatischsten der Religionsgeschichte.

Der Kaiser fragte seinen Besucher: »Seit Beginn meiner Herrschaft habe ich sehr viele Tempel errichtet, viele heilige Bücher abschreiben lassen und sehr viele Mönche unterstützt. Was mag Eurer Meinung nach mein Verdienst sein?«

»Überhaupt kein Verdienst, Majestät«, antwortete der Weise.

»Wieso?«, forschte der Kaiser erstaunt nach.

»All das sind lediglich geringwertige Taten«, antwortete Bodhidharma, »die dazu führen, dass ihr Urheber in den himmlischen Welten oder auf dieser Erde wiedergeboren wird. Sie zeigen noch Züge von Weltlichkeit ... Eine wirklich verdienstvolle Tat ist voll von reiner Weisheit, und ihre wirkliche Natur liegt jenseits dessen, was die menschliche Intelligenz erfassen kann ...«

Dann fragte der Kaiser seinen Gast: »Welches ist das erste Prinzip der heiligen Lehre?«

»Weite Leere«, lautete die Antwort, »und nichts Heiliges ist in ihr!«

»Und wer steht mir dann hier gegenüber?«

»Das weiß ich nicht, Majestät«, sprach Bodhidharma.

Diese seltsame und ungestüme Haltung war die direkte Antithese zu den damaligen indischen Buddhisten, aber die Chinesen liebten das. Warum sollte man in einem ganzen Buch beschreiben, was dem Geist mit einem einzigen Wort eingeprägt werden kann, oder auch nur durch eine Geste oder einen Schlag mit einer Fliegenklatsche?

Ein Schüler, der vom Polospielen erschöpft war, kam zum Haus seines Meisters. »Bist du müde?«, fragte der Meister. »Ja, Meister.« – »Waren die Ponys müde?« – »Ja, Meister.« – »War der Torpfosten müde?« ... Es dauerte bis Mitternacht, bis es der Schüler plötzlich »kapierte«, und er weckte seinen Meister auf, um es ihm zu berichten. Der Meister war erfreut. Dies war für den chinesischen Geist wesentlich effektiver als ein Buch voller Predigten, um zu beweisen, dass das Leben eins und unteilbar ist!

Bodhidharmas grundlegende Thesen bezüglich der Übermittlung der Wahrheit unabhängig von Worten und Schriften und der Forderung, »direkt und unmittelbar auf die Seele oder das Selbst (den ›Herz-Geist‹) des Menschen« hinzudeuten, war für die Chinesen durchaus einleuchtend, auch wenn es der von der Logik geprägten westlichen Mentalität wenig sinnvoll erscheinen mag. Welches auch immer die Verdienste anderer Schulen des Buddhismus mit ihren jeweiligen Schriften und ausgearbeiteten Lehren sein mögen, die Zen-Meister in China und Japan machten eine komplette Kehrtwendung zurück zur Quelle der Buddhalehre, zur Erleuchtung, und bemühten sich von da an voll und ganz um diese Erleuchtung, die bereits in jedem Herzen vorhanden, wenn auch noch durch Täuschung und Illusion verschleiert ist.

Die Auswirkungen von Nāgārjunas Lehre sind in der Religionsgeschichte einzigartig. Da in jedem Herzen eine Flamme der Erleuchtung Buddhas brennt, gibt es nichts, was man suchen oder erwerben müsste. Wir *sind* erleuchtet, und alle Worte der Welt werden uns nicht das geben, was wir bereits haben. Der Zen-Mensch ist daher nur um eines bemüht, nämlich dessen gewahr zu werden, was er bereits ist, des Selbst im Inneren, seiner unverletzlichen Einheit mit dem ganzen Buddha-Herzen.

Zwischenzeitlich ist dieser Geist mit Denken und Fühlen verbunden, und ein jedes von ihnen ist traurigerweise durch das Verlangen nach einem Selbst getrübt, der bösartigsten aller Täuschungen. Diese Gedanken und Wünsche wirken im Bereich der Dualität in Begriffen und Vorstellungen, die selbst in die Gussform von Worten hineingepresst werden. Als solche können sie niemals die Wahrheit enthalten, noch weniger sie ausdrücken, und nicht einmal der schärfste Verstand kann jemals *wissen*. Er kann jeweils die Gegensätze studieren, aber niemals mit Denken allein den Zustand vor der Teilung erreichen, wo Gegensätze noch ungeteilt, als Ganzes und gleichzeitig Beides gesehen werden. So sieht der erleuchtete Geist Wahres und Falsches als zwei Aspekte der WAHRHEIT; Hässliches und Schönes als zwei Arten der SCHÖNHEIT; Gutes und Böses im GUTEN zusammengefasst. Und diese gelten wahrlich als dreifacher Aspekt dessen, was allein für immer *ist*, der FÜLLE/LEERE, des ABSOLUTEN.

Wie kann man diesen Zustand vor der Zweiteilung, von der auch Dr. Suzuki spricht, erlangen? Wie kann das illusionäre Selbst wieder in das Selbst zurückkehren, das wirklich *ist*? Die Antwort lautet: durch die Entwicklung der Fähigkeit, mit der allein jeder menschliche Geist die Dinge »sehen« wird, wie sie wirklich sind, also im Sinn des wahren Sehens des Zen. Dies ist spirituelles Gewahrsein, wenn nämlich das Sehen mit dem gesehenen Objekt eins ist. Jeder Meister hat seine eigenen Methoden, die Intuition wachzurufen, den Geist »aufzuwecken«, um nirgendwo zu verweilen, frei zu sein von den Fesseln der Vorstellung und ihrer falschen Dualität.

Aber auf der reinen Grundlage einer vernünftigen Sittlichkeit, mit weitgehend von der eigenen Person gereinigten Motiven, wird der Schüler mit der Zeit und enormer Anstrengung erkennen, »dass es nichts Unendliches gibt, was von endlichen Dingen getrennt ist«, und dass tatsächlich, wie Meister Hui-Neng sagte, »alle Unterscheidungen fälschlicherweise angenommen werden«. Hier gibt es einen Vorgeschmack auf den »zeitlosen Augenblick« des Satori, der Erfahrung der Nicht-Dualität. Dies ist der Beginn des wahren Zen-Weges.

Für Zen-Schüler wird Dr. Irmgard Schlögl bald ein gängiger Name sein. Mit ihrer soliden Kenntnis der Aufzeichnungen chinesischer und japanischer Meister und etwa zwölfjähriger Schulung unter zwei Rinzai-Zenmeistern in Kyōto hat sie eine große Karriere vor sich. Durch Übersetzungen, eigene Arbeiten und persönliches Unterrichten in der Zen-Tradition wird sie helfen, das wahre Ziel der Zen-Schule des Buddhismus bekannt zu machen. Dieser neue Band, klein im Umfang, aber von großem Wert, wird dabei helfen, ihr zunehmendes Ansehen zu etablieren, und er ist ein wertvoller Beitrag zu der kleinen Bibliothek authentischer Zen-Literatur aus der Feder westlicher Autoren. Ich bin dankbar dafür, dass mir die Gelegenheit zum Helfen geboten ist, dieses Werk der westlichen buddhistischen Welt vorzulegen.

Christmas Humphreys
The Buddhist Society, London 1975

Einleitung

Man hat mich gebeten, ein kleines Buch über »Die Weisheit der Zen-Meister« zu verfassen, vergleichbar Thomas Mertons *Weisheit der Wüste*. Ich nahm diese Aufgabe mit einer Mischung aus Bedenken und Freude an. Ersteres, weil ich nur zu gut weiß, wie unzulänglich ich bin, und Letzteres, weil es mir eine Möglichkeit bietet, der langen Reihe der Zen-Meister und meinen beiden Lehrern mit meinen beschränkten Möglichkeiten meine tiefe Dankbarkeit auszudrücken. Mögen sie nun bereits verstorben sein oder noch leben, so waren es doch ihre Lebendigkeit, Direktheit und Zuverlässigkeit, die mich in den zwölf Jahren der Schulung als Laienschülerin in einem traditionellen Rinzai-Zenkloster in Japan nachhaltig beeindruckt haben.

Die getroffene Auswahl der Aussprüche und Geschichten ist gänzlich subjektiv, obwohl sie einem gängigen Muster folgen. Sie umfasst chinesische und japanische Meister der Vergangenheit und Gegenwart, sowohl gelesene als auch gehörte. Wenn englischsprachige Übersetzungen zur Verfügung standen, habe ich sie benutzt. Mein Dank gebührt folgenden:

A First Zen Reader, kompiliert und übersetzt von Trevor Leggett, Tuttle 1972, für alle Zitate von Meister Sessan,

The Ox and His Herdsman, übersetzt von Tsujimura-Trevor, Hokuseido Press, für alle Zitate von Meister Otsu,

Zen and Zen Classics, 3 Bände., übersetzt von R. G. Blyth, Hokuseido Press, für kurze Zitate verschiedener Meister,

Zen: Poems, Prayers, Sermons, Anecdotes, Interviews, hrsg. u. übers. v. L. Stryk und T. Ikemoto, Doubleday Anchor, für die Geschichte des armen Samurai,

The Cat's Yawn, First Zen Institute of America, New York, für das Zitat von Meister Sokei-an über Zen als eine Religion der Stille.

Danken möchte ich Trevor Leggett und Christmas Humphreys für das Lesen des Manuskriptes und ihre vielen hilfreichen Anregungen.

Zu guter Letzt gebührt mein Dank erneut Christmas Humphreys, der freundlicherweise zustimmte, das Vorwort zu schreiben. Im Lauf von etwa fünfundzwanzig Jahren ist er mir ein zweiter Vater gewesen, ohne den ich niemals daran gedacht hätte, zum Zen-Training nach Japan zu gehen. Meine Dankbarkeit ist wirklich groß.

I

Die Weisheit der Zen-Meister

Was ist Zen und wer sind die Zen-Meister? Was für ein Boden lieferte ihnen Nahrung in einem kulturellen Umfeld, das zu dem Unsrigen so unterschiedlich ist?

Zen ist in Mode gekommen, und wir neigen dazu, darüber in einer Art und Weise zu sprechen, als ob es ein Ding sei: Irgendetwas sei »Zen« oder »im Stil des Zen«. Dies zeigt aber nur, dass unser westlicher Geist von einem Wort, einem Begriff fasziniert ist und diese jetzt in seinem eigenen Bezugssystem verwendet. Es gibt aber kein derartiges Ding namens »Zen«; wenn es überhaupt etwas ist, dann könnte man es als einen Vorgang, einen Prozess bezeichnen.

Das Wort »Zen« leitet sich von dem Sanskritbegriff Dhyāna her, das in chinesischer Transkription zu ›Chan‹ und in japanischer Aussprache zu ›Zen‹ wurde. Es bedeutet Meditation, Kontemplation, Überdenken. So steht »Zen« für die Meditationsschule des Buddhismus. Wie alle Definitionen ist aber auch diese irreführend, denn Meditation ist nicht das einzige, ja nicht einmal das hauptsächlich verwendete Schulungsmittel.

Als buddhistische Schule basiert Zen ganz eindeutig auf den grundlegenden buddhistischen Lehren, die alle derartigen Schulen gemeinsam haben. Dies sind die Drei Daseinsmerkmale: Vergänglichkeit, Nicht-Ich und Leiden. Wir tragen eine unnütze Last des Leidens mit uns herum, weil wir die Vergänglichkeit und das Nicht-Ich nicht akzeptieren können. Dies gelingt uns nicht, weil die Drei Feuer in uns brennen: Begehren, Hass und Nicht-

Wissen. Die Vier Edlen Wahrheiten, die auf diesen Voraussetzungen beruhen, sind die folgenden: Es gibt Leiden, körperliches und mentales Unwohl-Sein; es gibt eine Ursache für dieses Leiden (s. oben); diese Ursache kann man herausfinden und zu einem Ende bringen, denn was auch immer einen Anfang hat, muss zwangsläufig auch ein Ende haben. Es gibt einen Ausweg, eine Erlösung von diesem Leiden durch das Begehen des Edlen Achtfachen Pfades.

Der erste Schritt auf ihm wird gewöhnlich mit »Rechte Ansichten« übersetzt. Diese Übersetzung ist möglicherweise unglücklich, weil sie die Konnotation von Meinung oder Vorstellung vermittelt, und dass »ich« es bin, der Meinungen oder Vorstellungen hat, was ja mit der buddhistischen Prämisse vom Nicht-Ich nicht übereinstimmt. Ein Blick auf die chinesische Wiedergabe dieses Begriffes ist nützlich, denn im Chinesischen kann man ihn als »rechtes Sehen« oder, idiomatisch übersetzt, als »klare Sicht« lesen. Der Versuch, klar zu sehen, wäre also der erste Schritt auf dem Edlen Achtfachen Pfad, der ja als ein Übungsweg dazu bestimmt ist, die Scheuklappen des durch Emotionen befeuerten Egoismus zu beseitigen und zu dem klaren Sehen zu führen, das Anfang und Ende der Übung ist.

Angetrieben durch die Drei Feuer – unsere emotionalen Hauptwurzeln – rotiert »Ich« auf dem Rad des Lebens, Saṃsāra, mit seinen Sechs Bereichen, von Augenblick zu Augenblick, von Leben zu Leben. Oder es stellt sich zumindest vor, dies zu tun, an dieses Rad gebunden zu sein. Wenn sich klares Sehen einstellt und man kein »Ich« findet, werden die Feuer ausgelöscht und man wird von dem Rad befreit, bzw. von dem »Ozean von Geburt und Tod«, wie es die Zen-Texte gerne formulieren.

Wir müssen jedoch vorsichtig sein, wenn wir derartige Aussagen lesen. Denn es ist eben das »Ich«, das durchschaut und damit aufgelöst wurde, und das ewig, oder mit einem anderen Wort sicher, sein möchte. Wir können uns nicht vorstellen, was ein »Ich-loser« Zustand ist; es ist sogar schwierig, ein irgendwie geschmälertes »Ich« zu begreifen, wenn nicht eine gewisse Schulung zu diesem Zweck durchgeführt wurde. Es ist auch nicht hilfreich, darüber nachzudenken, was das, was wiedergeboren wird, ist, wenn es im Grunde kein »Ich« gibt.

Ein weiterer und eminent praktischer Punkt besteht darin, dass ich, solange ich mich entschieden für »Ich« halte, es keinen Zweck hat, dieses »Ich« zu verleugnen. Es lediglich als abstrakte Vorstellung zu bezeichnen, schmälert es nicht in mir selbst, sondern macht mich nur zu einem Heuchler. Und da »Ich« durch die Drei Feuer genährt wird, durch unsere Leidenschaften und Emotionen, geht es nicht um das Abstellen der Emotionen, denn das ist unmöglich, sondern um eine wirksame Transformation des emotionalen Haushaltes, die die Drei Feuer löscht und damit »Ich« von ihrem Einfluss entwöhnt.

Wir haben uns so der Grundlage östlicher Religionen genähert, die die Gottheit als der Schöpfung immanent ansehen. Der Buddhismus als nicht-theistische Religion bezeichnet diese Immanenz nicht als Gottheit, sondern nimmt darauf Bezug als BUDDHANATUR, Herzensgrund oder einfach als das Herz. Dieses Herz ist natürlich nicht als der »rote Fleischklumpen« zu verstehen, dem physischen Organ in unseren physischen Körpern, sondern im Sinn von »der Kern der Sache« (oder »das Herz aller Dinge«).

Um sich des Herzens gewahr zu werden, bedarf es klaren Sehens. Aber dies ist kein Zustand, den man erreichen, herstellen oder gestalten müsste, denn wir haben ohnehin unser Sein in ihm. Es ist vielmehr ein Abstreifen oder Abtragen der Hemmnisse in uns, die uns daran hindern, des HERZENS gewahr zu sein.

Dies sind grundlegende buddhistische Prinzipien. Was kennzeichnet aber nun die Zen-Schule? Sie ist eine Schule des Nördlichen Buddhismus oder des Mahāyāna, der wahrscheinlich die tiefgründigsten philosophischen und psychologischen Systeme entwickelt hat, die uns jemals bekannt geworden sind. Aber in ihnen ist auch die Gefahr enthalten, dass man leicht auf der intellektuellen oder Wortebene stecken bleiben kann. Es sieht so aus, als sei die Zen-Schule eine Reaktion gegen ebendiese Gefahr, eine Art unausgesprochene Rückkehr zu den grundlegenden Prinzipien des Buddhismus. Sie besteht auf persönlicher Erfahrung und Einsicht. Da sie sich der Anpassungsfähigkeit von Worten bewusst ist, legt sie besonderen Wert auf das Zeigen von Einsicht/Verständnis, auf das klare Sehen und dessen unmittelbaren, authentischen Ausdruck.

Die Frage »Was ist ›kalt‹?« kann man intellektuell in Begriffen von Celsiusgraden beantworten. Wir legen den Gefrierpunkt bei null Grad fest und postulieren wissenschaftlich auch einen absoluten Nullpunkt. Subjektiv können wir von kühl zu frostig bis hin zu kalt abstufen. All das kann auf rationaler Ebene sogar jemand erklären, der niemals den Äquator verlassen hat. Die Zen-Art dagegen, dies auszudrücken, könnte ein unwillkürliches Zittern bei der Erwähnung von »kalt« sein – was voraussetzt, dass man den Zustand des Frierens wirklich erlebt hat.

Da sich auch diese Art des Ausdrucks einer hohlen Nachahmung anbietet, fordert die Zen-Schule traditionsgemäß geübte und ausgewiesene Lehrer, die ihren Schülern dabei behilflich sein können, den Weg zu gehen, den sie selbst gegangen sind, und die ihr klares Sehen und ihren Ausdruck von Einsicht/Verständnis bestätigen können. Diese Hilfe nennt man Übermittlung, und die Zen-Meister sind insofern eher Führer als Lehrer.

Der Buddha, ein Mensch wie wir selbst, ging den Weg des Erwachens. Es sind seine Fußspuren, die uns leiten. Als Erbe eines kleinen Königreiches am Fuß des Himālaya soll er angeblich in einer sehr behüteten Umgebung aufgezogen, aber so ausgebildet worden sein, wie es seinem Stand angemessen war. Das Wissen seiner Zeit stand ihm zur Verfügung, und man berichtet uns, dass er hervorragend darin war.

Als er bei den vier schicksalsträchtigen Ausflügen aus dem Palast seines Vaters einem Armen, einem kranken Mann, einem alten Mann und einer Leiche begegnete, dürfen wir nicht annehmen, dass er niemals von diesen Dingen gehört hatte, sondern nur, dass er zum ersten Mal in seinem Leben damit direkt konfrontiert wurde. Daher auch der starke Eindruck, der zu einem brennenden Problem wurde und den Ablauf seines Lebens änderte.

Wir wissen, dass er den Palast verließ und gemäß der Tradition seiner Zeit ein Asket wurde, dass er unter den beiden besten verfügbaren Lehrern übte und dass jeder der beiden ihn als würdigen Nachfolger ansah. Er lehnte beide Male ab, weil sein eigenes Problem noch nicht gelöst war. So verließ er sie, führte aber weiterhin für sich allein ein Leben strenger Askese, das einige Schüler anzog. Sein Problem blieb jedoch bestehen, während seine Entbehrungen ihn an den Rand des Todes brachten. Nachdem er für sich entschieden hatte, dass diese Richtung ihm nicht die Lösung bringen würde, aß er etwas und nahm auch ein Bad, woraufhin ihn die Schüler als einen unwürdigen Asketen verließen. Erst jetzt, von allem verlassen, saß er allein unter dem Bodhibaum, nahm sich vor, nicht eher aufzustehen, bevor er seinen Weg hindurch gefunden hätte, es ein für alle Mal auszusitzen, komme, was da wolle. Und eines Morgens »sah er klar« und wurde der Erwachte, der Buddha.

Unausgesprochen ist die Frage, über die es sich lohnt, nachzudenken: Würde oder könnte er dies ohne seine Schulung unter den beiden Lehrern vollbracht haben?

Wir benötigen einen Führer, wie sogar auch der Buddha, oder wir gehen zwangsläufig in die Irre. Wir müssen uns auch das verfügbare Wissen unserer Zeit zu Eigen machen, welche Zeit dies auch immer sein mag. So können wir vollständig »Mensch« werden. Es ist wirklich kindisch und bedauernswert, die Früchte des Bodhibaumes zu begehren, während man sich vor dem Prozess der Menschwerdung drückt. Denn es heißt ja, dass nur aus dem menschlichen Zustand, der Stufe des Menschen heraus die Erlösung von den Sechs Bereichen des Lebensrades möglich ist. Erlösung und Erwachen sind gleichbedeutende Begriffe: Sie beinhalten das Bewusstsein davon, wach zu sein, eine Situation, die ganz anders ist als die unbewusste Einheit des Kindes, das sich noch im Zustand der Unschuld befindet. Diesen Zustand haben wir beim Heranwachsen eingebüßt und mussten dies auch, um Mensch zu werden und als Menschen unseren Weg dorthin im Zustand der Bewusstheit zu finden. »Nur wenn man ein Kind aufgezogen hat, kann man die Güte eines Vaters kennen«, so hat es ein Zen-Meister ausgedrückt.

Aber für ein echtes Erwachen ist mehr erforderlich, als Mensch zu werden und Vertrautheit mit kulturellen Werten und kulturellem Hintergrund zu erwerben. Bei dieser Suche ist der Mensch allein, wie es der Buddha war, als er sich unter dem Bodhibaum niedersetzte. Er muss aller

Dinge ledig werden, wie der Buddha – kein Prinz mehr; erfahren in einem Leben der Armut; nicht mehr hervorragender Schüler und auserwählter Erbe eines berühmten Lehrers; verlassen von seinen eigenen Schülern, da er zu nachlässig in seiner Askese geworden war.

Eine düstere Aussicht, wie es scheint, aber es bringt den Menschen an einen Tiefpunkt, wo bei völliger Nacktheit alle gedanklichen Vermummungen und alle Schutzschirme verschwunden sind. Wenn sie nicht mehr vorhanden sind, wird das Sehen von selbst klar.

Was der Buddha der Weisheit seiner Zeit hinzufügte, und was wir heute dringlich nötig haben, ist die Einsicht, dass es hier auf dem innerlichen Weg keine mechanischen Techniken gibt und dass keine extremen Maßnahmen als solche bereits klares Sehen hervorrufen. Er selbst hatte seine Enthaltsamkeit bis zum Äußersten getrieben und fand keine Antwort in ihnen: Sein Problem blieb bestehen. Daher verkündete er den Mittleren Weg – nicht nur in der Form »weder zu viel Genuss noch zu viel Askese«, sondern in einem tieferen, mehr existenziellen Sinn, wie er selbst darlegte: »Ich lehre das Leiden und den Weg aus dem Leiden heraus.« Dies müssen wir sorgfältig überdenken. Der Mittlere Weg beinhaltet selbst in seinem Wortlaut kein Zurückweisen des Leidens, sondern einen Weg durch das Leiden hindurch bis hin zu seinem Ende, wie auf einer Durchgangsstraße.

Bodhidharma sagte von diesem WEG: »Stellt euch darauf ein, weiße Schweißperlen zu vergießen, denn er bedeutet, das auszuhalten, was nicht auszuhalten ist, und zu ertragen, was unerträglich ist.« So ist er beschaffen, und in der Tat klingt es erschreckend und abstoßend. Nachdem wir durch ihn hindurchgekommen sind, bricht das Gerüst aus Angst, das uns allen im Nacken sitzt, zusammen.

»Ich« wurde bei dem Vorgang reduziert und »aufgeweicht«, und da nur »Ich« Angst kennen kann, steht »Nicht-Ich« für »keine Angst«. »Ich« ist nun für immer und ewig abgetrennt, das heißt unsicher, allein, verängstigt. »Ich« schließt das Nicht-Ich aus, alles, was »anders« ist, und weist damit den größten Teil des Lebens zurück und alles, was ist.

Wo es aber keine Angst mehr gibt, gibt es auch kein Zurückweisen mehr. Wenn nichts zurückgewiesen wird, dann lautet die Frage so, wie sie Meister Rinzai stellt: »Was fehlt in diesem Augenblick?« Und wenn nichts mehr fehlt, gibt es »nichts weiter zu suchen«, ein anderer von Meister Rinzais Leitsprüchen und der, den er für den wertvollsten hält. Denn wenn nichts ausgeschlossen und nichts zurückgewiesen wird, dann bedeutet dies Ganzheit, Vollständigkeit, Erfüllung, Vollendung – keine starre Inaktivität, sondern »munter wie ein Fisch zu sein, der im Wasser springt«. Das ist echte Befreiung von den Fesseln des »Ich«, und das innewohnende Herz mit all seiner Wärme und Freude wirkt dann frei, denn die Hindernisse sind beseitigt worden. Es wurde freigelegt, wiederentdeckt, ist bewusst – aber nicht »erlangt« worden.

Die Zen-Meister sind nicht nur Meister dieser Überlieferung, sie sind Meister dieses Weges. Was auch heißt, dass sie Meister ihrer selbst sind. Sie fassen diesen Prozess auf ihre kurze und prägnante Art zusammen, die große Worte vermeidet: Man muss auf die Spitze eines hundert Fuß hohen Mastes klettern und dann von der Spitze aus »einen weiteren Schritt« tun, wie es einer, oder »herunterspringen«, wie es ein anderer ausdrückt – es kommt auf dasselbe heraus, und beide verstehen einander gut.

Wenn man Zen-Texte liest, ist es nützlich, ein Unterscheidungsmerkmal vor Augen zu haben, das generell beibehalten wird. Der »Buddha« steht für die Immanenz, die nicht zu beschreiben ist. Der historische Mann, der das wurde, was wir Buddha nennen, wird als »Shaka« bezeichnet, eine Abkürzung für »Śākyamuni«, Lehrer des Śākya-Clans oder -Stammes.

Die Zen-Schule[1] entwickelte sich in China, wo sie im Kontakt mit der konkreten und praktischen chinesischen Mentalität ihr indisch-buddhistisches Gewand abstreifte und innerhalb einiger Generationen durch und durch chinesisch wurde. Der indische Pfad (oder Mārga, im Pāli Magga), der Weg, den man *zu* einem Ziel *hin* gehen muss, wurde unter daoistischem Einfluss zum *Dao*, dem Weg, der sein eigenes Ziel *ist* und der allem innewohnt, was ist. Den Begriff »Dao« verwenden in der Tat Buddhisten und Daoisten gleichermaßen.

In diesem Vorgang der »Einbürgerung« kam die konfuzianische Ethik sozusagen durch die Hintertür ins Spiel. Sie scheint bedeutsam gewesen zu sein bei der Abschaffung des Bettelordens, der im indischen Buddhismus noch in hohem Ansehen stand. Mönche begannen sich nun in Gemeinschaften niederzulassen, wo sie versorgt wurden. Von diesen Gemeinschaften trennten sich die frühen Zen-Meister, da sie ein Leben in abgelegenen Gebirgsgegenden bevorzugten. Folglich musste sich die Gemeinschaft, die um sie herum heranwuchs, im Wesentlichen selbst versorgen. Körperliche Arbeit wurde zu einem Schulungsmittel, und so ist es immer noch.

Meister Hyakujō, der die Regeln für derartige Gemeinschaften festlegte, die immer noch in den Zen-Klöstern

1 Einen guten Überblick über die historische Entwicklung der Zen-Schule gibt das zweibändige Werk von Heinrich Dumoulin, *Geschichte des Zen-Buddhismus*.

maßgebend sind, legte die Ordnung in den einfachen Worten fest: »Ein Tag ohne Arbeit ist ein Tag ohne Essen.« Eine Geschichte berichtet, dass die Mönche, als der Meister schon ziemlich alt und schwach war, ihn erfolglos baten, das Arbeiten einzustellen. Da sie um seine Gesundheit fürchteten, verlegten sie sich schließlich darauf, seine Arbeitswerkzeuge zu verstecken, woraufhin Meister Hyakujō die Nahrung verweigerte und damit seine eigene eben zitierte Vorschrift befolgte. Die Mönche gaben ihm seine Werkzeuge zurück.

Was also ist DAO, der WEG, der sein eigenes Ziel ist? Ein »echter Mensch des WEGES« ist eine andere Art, den zu beschreiben, »dem nichts mehr zu suchen bleibt«, den »unabhängigen Menschen des WEGES«, der sich auf nichts mehr stützt und der »die Sicht des einen Auges« besitzt oder zu klarem Sehen gelangt ist.

Der klassische daoistische Text ist das *Daodejing*, »Der WEG und seine TUGEND«, auch als »Der WEG und seine KRAFT« übersetzt. Es ist ein kurzer Text, und vielleicht wurde kein anderer von vergleichbarer Länge so häufig und so unterschiedlich übersetzt.

DAO, der WEG, hat die Konnotation eines realen Weges, auf dem man wirklich gehen kann. Als bloße Theorie würde er eine pragmatische Mentalität kaum ansprechen. Aber er ist keine Verarbeitungsmaschine, aus der ordentlich verpackte und identische Produkte herauskommen. Bodhidharma, der traditionellerweise als Begründer der Zen-Schule angesehen wird, soll gesagt haben: »Alle kennen den WEG, aber nur wenige gehen ihn wirklich.«

Der WEG existiert also für denjenigen, der ihn wirklich geht, so gut er kann, und der ihn kontinuierlich weitergeht, gleichgültig, ob sich das Gehen glatt oder holprig gestaltet. Durch diese Übung macht er Gebrauch von seinen Beinen und entwickelt Muskelkraft wie auch Durchhaltevermögen. Seine Augen gewöhnen sich daran, Stolpersteine zu erkennen, schlüpfrigen Boden, Fallstricke, Sümpfe und andere Hindernisse. Wenn seine Kraft und Trittsicherheit gut entwickelt sind, endet der WEG – im Nirgendwo. Von jetzt an kann man ihm zutrauen, dass er seinen eigenen Weg macht. Gut an den WEG und an sich selbst gewöhnt wird er sicher, während er entlanggeht, einen WEG finden.

Der zweite Begriff in dem Titel *Daodejing* bezieht sich auf die Kraft (*De*), die sich »kraft« des Gehens auf dem WEG entwickelt. Auch wenn das Wort gelegentlich als »Tugend« übersetzt wird, so ist dies jedoch kein moralischer Wert, sondern bezieht sich auf die Tiefe, aus der Moral und sittliche Kraft erwachsen.

Dao und *De* ergänzen einander. Im Menschen ist *De* die Funktion von *Dao*. Beide sind eng miteinander verbunden und nicht zu trennen.

Dadurch, dass man auf dem WEG geht, werden das kindliche »Ich will«, die Leidenschaften oder Emotionen, transformiert. Was hierbei geschieht, ist, dass die Energie (die Kraft) den blinden Zwang eines Triebes verliert und einer bewussten Wahl zugänglich wird. Hierin liegen die Kraft, die Tugend des Klarsehens und die Fähigkeit, in Übereinstimmung mit diesem klaren Sehen zu handeln. Dies umfasst alle wirklich menschlichen Eigenschaften, wie Verantwortlichkeit, Gerechtigkeit, Rücksichtnahme, Herzenswärme, Freude, Toleranz, Mitgefühl und das Gewahrsein der Stärke einer Persönlichkeit, ihrer Fähigkeiten wie auch ihrer Grenzen. Denn niemand hat das Recht, jemanden zu manipulieren oder mit seiner stärkeren Persönlichkeit zu imponieren, nicht einmal, um dem anderen etwas vermeintlich Gutes zu tun, denn niemand kann wissen, worin dieses Gute wirklich besteht. Dies ist Höflichkeit, nicht Härte, denn man erkennt damit die Würde des anderen an, oder man respektiert gegebenenfalls die Würde seines Kummers. Wenn und sobald er bereit ist, wird der andere von selbst um Trost bitten und sich frei fühlen, um Hilfe beim Aufzeigen des Weges zu bitten.

An diesem Platz steht der Mensch des *Dao* und des *De*, und sein Weg ist »Handeln durch Nicht-Handeln«, das Sichzurückhalten von jeglichem Dreinreden und Sicheinmischen, sei es bei belanglosen, sei es bei wichtigen Angelegenheiten. Er handelt richtig, weil er dann ganz und gar handelt, wenn Handlung verlangt wird, anstatt sich selbst wie einen Bremsklotz in das Getriebe der Dinge zu werfen, blindlings, nur um etwas zu tun. Der Wichtigtuer kennt keine Ruhe und neigt dazu, Zerstörung in seinem Umfeld herbeizuführen. Auch beim besten Willen ist es nicht hilfreich, einen Schlafwandler oben auf dem Dach anzuschreien und aufzuwecken. Viel besser ist es, ruhig abzuwarten, bis er herunterkommt und wieder aufwacht. Dann ist ein gut gemeinter Ratschlag angebracht, sodass er – wohlgemerkt in eigener Verantwortung – die nötigen Vorsichtsmaßnahmen treffen kann. Der andere ist schließlich kein Kleinkind mehr; er besitzt seine Würde und benötigt sie auch dringend.

Das ist die Tugend eines Menschen des *Dao*, kraft derer er frei ist, und darin liegt seine Stärke. Offensichtlich handelt es sich nicht um eine brachiale Kraft der Muskeln oder des Geistes, die stets bezwingend ist. Rohe Gewalt ist das Gegenteil der Kraft der Zurückhaltung, der Kraft, nichts zu tun, wenn nichts benötigt wird.

Während der Wanderer dem Weg folgt, ist der Weg selbst die Disziplin, die klares Sehen hervorruft und auch die Kraft, in Einklang damit zu handeln. Dann endet der WEG; der Wanderer ist frei vom WEG, frei von seinem eigenen Ich-befangenen und getäuschten Sehen. Er selbst ist zu dem WEG geworden. So handelt er aus seiner eigenen Natur heraus.

Jetzt haben wir einen Punkt erreicht, wo wir besser ausgerüstet sind, um über die traditionelle Lehre und die Zen-Schulung nachzudenken, und darüber, worauf die Zen-Meister deuten.

Die Zen-Schule behauptet, ihren Ursprung beim Buddha selbst zu haben. Als er vor einer großen Versammlung in Rājagṛha sprechen sollte, schaute er in die Runde und hob eine Blume an, ohne dabei ein Wort zu äußern. Aus der großen Zuhörerschaft verstand ihn niemand außer seinem wichtigsten Schüler Kāśyapa, der lächelte. Der Buddha sprach daraufhin: »Ich besitze das unvergleichliche Juwel des Dharma-Auges, das ich jetzt dir, Kāśyapa, übergebe.« Dieses Ereignis setzte die »Übermittlung von Herz zu Herz« in Gang.

Der indische Mönch Bodhidharma soll diese Schule nach China gebracht haben. Seinem zukünftigen Nachfolger Eka gelang es, nach langem Ausharren eine Unterredung mit ihm zu führen. Zen-Meister waren niemals Missionare. Ekas Anliegen war, dass Bodhidharma sein Herz für ihn besänftigen möge, da es keine Ruhe finden konnte. Letzterer erwiderte: »Bring mir dein Herz und ich werde es zur Ruhe bringen.« Nach einigem Überlegen gab Eka zu, dass er sein Herz nicht finden könne, so sehr er auch danach suchte. »Da«, erklärte Bodhidharma, »ich habe es zur Ruhe gebracht.«

Bodhidharma fasste seine Lehre auf diese Weise zusammen:

Eine besondere Übermittlung außerhalb der Lehren;
Unabhängig von geschriebenen Worten oder Schriften.
Direktes Hindeuten auf das menschliche Herz,
In dessen Natur hineinsehen und zum Buddha werden.

Als über die Nachfolge des Fünften Patriarchen entschieden werden sollte, erwartete man allgemein, dass sein bedeutendster Schüler Jinshū als Erbe bestimmt würde. Um seine Einsicht zu demonstrieren, verfasste er einen Vers:

> Der Körper ist der Baum des Erwachens,
> Das Herz ist ein klarer Spiegel;
> Haltet ihn stets rein,
> Damit sich kein Staub absetzen kann.

Enō (Hui Neng), welcher dann wirklich der Sechste Patriarch wurde, konterte mit einem anderen Vers:

> Es gibt keinen Baum des Erwachens;
> Der klare Spiegel hat keinen Ständer;
> Wenn alles Leere ist,
> Wo könnte sich dann Staub absetzen?

Die Lehr-Analogien der Zen-Schule sind wohlausgewogen, und diese beiden Verse reflektieren einander wie zwei Spiegel. Sie kommen zu einer Aussage, die jetzt ebenso bedeutsam ist, wie sie es damals war: Man kann das eine nicht ohne das andere haben. Das Küken schlüpft aus dem Ei – ohne Ei kein Küken.

Viele Zen-Meister werden als Väter oder Gründer spezieller Linien akzeptiert, die eine besondere Methode oder Stil betonen. Ihre Lehren und Biografien wurden von ihren Schülern niedergeschrieben. Selbst schrieben sie gar nichts; sie lehrten. Was sie lehrten, waren nicht etwa heilige Schriften, es war kein Buddhismus und auch kein Zen, sondern eine Art zu leben. Vertrautheit mit den Schriften ist für alle buddhistischen Mönche grundlegend. Auch die Zen-Meister machten von den Schriften Gebrauch und zitierten sie häufig, allerdings oft mit einem Kommentar, der ein neues Licht auf etwas warf, was allzu vertraut geworden war. Sie versuchten, blinde Pietät den Lehren gegenüber aufzulösen und ihren Schülern zu einer wirklichen Einsicht zu verhelfen, zu dem klaren Sehen, durch das die Schriften eine neue und lebendige Bedeutung annahmen – nicht irgendetwas Abstraktes von »da oben« zum Zitieren, sondern etwas, was hier und jetzt im eigenen Leben und in allem, was ist, wirkt, »klar ersichtlich direkt vor den Augen«.

Die Zen-Meister waren Männer der wenigen Worte, aber reif in der Einsicht und geschickt bei der Wahl ihrer Methoden. Sie waren auch unbestreitbare Meister darin, ihre Schüler aus ihrer Selbstgefälligkeit aufzuscheuchen, und beim Entdecken von Nachahmung. Sie konnten in einem derartigen Ausmaß heftig sein, dass es uns abstoßend erscheint, obwohl ein solches Verhalten niemals ohne bestimmte Absicht gewählt wurde, sondern durch eine »großmütterliche Liebenswürdigkeit« aufgewogen war, die allerdings eine größere Gefahr als ihre Heftigkeit gewesen zu sein scheint, denn wir finden in den Texten oft genug Warnungen davor, die Schüler zu verhätscheln.

Jemand, der fest auf seinen eigenen Füßen stehen und eine klare Sicht erlangen will, muss den Mut haben, Einblick in seinen emotionalen Haushalt zu bekommen und sich bis zu einem gewissen Grad davon loszulösen. Ein solcher Mensch muss zu gegebener Zeit an einen echten Wendepunkt gelangen, an welchem das durch die Leidenschaften angefeuerte »Ich« abdankt. Dies nennt Meister

Hakuin den GROSSEN TOD, und dass dies eine erschütternde Erfahrung ist, ist offensichtlich.

Eine andere Aufgabe eines Zen-Meisters besteht darin, dabei zu helfen, diesen Wendepunkt herbeizuführen, wie eine Art Hebamme beizustehen bei etwas, was in sich selbst ein natürlicher Vorgang ist. Die Zen-Analogie dafür ist eine Henne, die ein Ei ausbrütet. Wenn das Küken fertig ist, muss die Henne die Schale aufpicken, um dem Küken herauszuhelfen. Geschieht dies zu früh oder zu spät, dann stirbt das Küken. Daraus leitet sich die sehr reale Verantwortung ab, die der Zen-Meister übernimmt und deren er sich demütig bewusst ist. Die Beziehung zwischen Meister und Schüler ist ein ernsthafter Vertrag, der für beide Seiten absolut bindend ist.

Jede innere Erfahrung hat eine überzeugende, ja überwältigende Endgültigkeit. Den kleineren unter ihnen folgt oft unausweichlich ein »Ich hab es verstanden!«, also eine »Ich-Aneignung«. »Ich« will sie festhalten, was unmöglich ist. Dann bemüht sich »Ich«, sie zurückbekommen, was ebenso unmöglich ist, denn »Ich« hat in der Angelegenheit nichts zu sagen. Das Verlangen und Streben danach, die Erfahrung zurückzubekommen, ist eine fehlgeleitete Anstrengung und lediglich ein Festhalten an einer vorübergehenden Erscheinung, was lediglich das Gefühl von einem »Ich« stärkt. Dies steht in Widerspruch zu dem WEG, und so wird er verfehlt.

Daher hat ein Zen-Meister noch die weitere Aufgabe, zu verhindern, dass die Schüler in irgendeiner Erfahrung stecken bleiben und dadurch den WEG verlieren. Er treibt sie in ihrer Übung so lange an, bis sie früher oder später den GROSSEN TOD sterben und zu der echten Demut gelangen, welche des Herzens Freude ist, das jetzt seine innewohnende Wärme freisetzt, sodass sie frei fließen und handeln kann. Wenn die Fesseln des Egoismus verschwunden sind und seine Scheuklappen abgelegt wurden – dann verbleibt und wird gesehen, was ist.

Ein Mönch brachte seinem Meister zwei Topfpflanzen. »Lass sie fallen«, befahl der Meister. Der Mönch ließ einen Topf fallen. »Lass ihn fallen«, befahl wiederum der Meister. Der Mönch ließ den zweiten Topf fallen. »Lass ihn fallen«, brüllte der Meister jetzt. Der Mönch stammelte: »Aber ich habe doch nichts mehr fallen zu lassen.« – »Dann schaff es fort«, nickte der Meister.

Die Einfachheit einer derartigen Analogie darf uns nicht über die schiere Unmöglichkeit hinwegtäuschen, gerade so etwas zu tun. Und dennoch muss es geschehen. Daraus erwächst die Bedeutsamkeit der Übung.

Schon das fallen zu lassen, was wir haben, alles, was wir haben, ist keine leichte Sache. Aber das fallen zu lassen, was *uns* hat – unsere eingefleischten Meinungen, Ansichten, Ideale oder geliebten Belastungen, all das, was wir so hitzig und wortreich verteidigen –, das können wir nicht willentlich fallen lassen. Genau das ist der Punkt: Wir wagen nicht einmal, sie direkt anzuschauen, noch weniger, an ihrer Echtheit zu zweifeln.

Die Zen-Meister behaupten, dass drei Dinge für diese Schulung erforderlich sind: eine große Wurzel des Glaubens, großer Zweifel und großer Mut zum Durchhalten. Der Tod des »Ich« ist keine leichte Angelegenheit. Darüber hinaus verlangt er Vorbereitung, sodass das Sterben glatt vor sich gehen kann.

Ein Ritter im mittelalterlichen Japan verließ nach langen inneren Kämpfen seinen Lehnsherrn – eine derartige Handlung war nach dem Gesetz der Ritterschaft unvorstellbar. Er tat das, weil er eine überwältigende Berufung zum Zen-Leben verspürte. Nachdem er etwa zwölf Jahre in einem der Bergklöster verbracht hatte, brach er zu einer Pilgerfahrt auf. Schon bald begegnete er einem Ritter zu Pferde, der ihn erkannte und ausholte, um ihn niederzuschlagen. Er entschied sich dann aber dagegen, da er nicht bereit war, sein Schwert zu verschmutzen. So spuckte er dem Mönch beim Vorbeireiten ins Gesicht. Beim Abwischen der Spucke wurde es dem Mönch blitzartig klar, wie er in früherer Zeit auf eine derartige Beleidigung reagiert hätte. Tief bewegt wandte er sich in Richtung der Gebirgsregion, wo er seine Übung absolviert hatte, verbeugte sich, und verfasste ein Gedicht:

> Der Berg ist der Berg,
> Und der Weg ist derselbe wie von alters her.
> Was sich wahrhaftig verändert hat,
> Das ist mein eigenes Herz.

Solcherart ist der Zen-Weg. Wer könnte ihn ausschöpfen? Führer auf diesem Weg sind die Zen-Meister. Es ist ein Weg, den man jetzt wie damals gehen kann. Die Führer sind noch vorhanden. Sie propagieren weder sich selbst noch ihre Lehren. Sie sitzen und üben selbst, und wer zu ihnen kommt und auf eine derartige Schulung vorbereitet, zumindest fähig ist, den Kopf zu beugen, und außerdem in der Lage ist, lieb gewordene Ansichten aufzugeben, den unterrichten sie. »Der Grosse Weg ist nicht schwierig, er vermeidet nur das Hängen an Ansichten« über Fragen wie die, was die Wahrheit, das Absolute oder andere große Worte bedeuten.

Ein Zen-Meister wurde einmal gefragt, ob man Zen in unserer Zeit, die seiner Werte so dringend bedarf, nicht in einem gewissen Umfang aktiv verbreiten sollte. Wären nicht bessere Verfügbarkeit, Werbung, öffentliche Ansprachen und Ähnliches hilfreich? Seine Antwort war sowohl charakteristisch als auch eine grundlegende Zusammenfassung der Grundhaltung des Zen. Er erwiderte, nach sorgfältigem Überdenken der Frage, dass er keinerlei direkten Schaden erkennen könne, der aus einer solchen Verbreitung entstünde. Bezüglich des Guten, das sie bewirken könnte, war er allerdings extrem skeptisch. Denn auch wenn es nicht nur einfach in ein Ohr hinein und aus dem anderen herausgehen würde, selbst wenn die Inhalte einen beträchtlichen Auftrieb hervorriefen, wäre alles in dem Moment verschwunden, wenn der Betreffende nach Hause gegangen wäre und mit der Familie beim Abendessen säße. Die wirkliche Verbreitung, so dachte er, sollte für die Möchtegern-Verbreiter darin bestehen, selbst zur Ruhe zu kommen und ihre eigenen Herzen wieder einmal zu reinigen. Denn dabei quillt im menschlichen Herzen eine so tiefe Quelle der Liebe auf, dass man sie unmöglich dort zurückbehalten kann; sie muss einfach fließen. Und da jedermann, sogar der übelste Kriminelle, dasselbe menschliche Herz besitzt, welches direkt von einer derartigen Liebe angerührt wird, sind Worte wirklich nicht erforderlich. Dabei kommt es zu einer Begegnung mit dieser Atmosphäre, einer Berührung, einer Verbindung, und die so angesprochene Person könnte aus eigenem Antrieb beginnen, den WEG zu gehen.

Der WEG ist nicht irgendetwas Unbekanntes. Der Buddha selbst behauptete niemals, etwas Neues gefunden zu haben, sondern nur, dass er einen alten Weg wieder entdeckt habe, der zu einer alten Stadt führt. Noch wollte er etwas Neues in Gang bringen. »Ich lehre das Leiden und den WEG aus dem Leiden heraus.«

Wir westliche Menschen haben einen anderen kulturellen Hintergrund und mit einer unterschiedlichen Mentalität versuchen wir, diese religiöse Haltung an unser mechanistisches Welt-Modell anzupassen, in dem wir Knöpfe drücken und Pillen für ein erwünschtes und geplantes Ergebnis schlucken. Daher sind wir so erpicht und besorgt um Endzustände. Wir ziehen gar nicht in Betracht, dass es keine »Stadien« gibt, durch welche wir »fortschreiten«. Es ist einfach so, dass sich unsere Einstellung durch die Übung ändert. Aber wir können uns nicht vorstellen, wie das sein konnte; wir können es nur von unserer jetzigen Betrachtungsweise her sehen, die zwangsläufig anders oder »völlig fremd« sein muss.

Wir leben in einer dualen Welt von Nacht und Tag, Dunkelheit und Licht, von Freude und Leid. Wir sind ein Teil dieser Welt. Beide Aspekte sind vertreten. Wenn wir nur Licht und Freude haben wollen und die »andere Seite« zurückweisen, werden wir allmählich merken, dass ein entscheidender Teil des Lebens fehlt. Da jedoch nur ein Masochist das Leiden genießt, müssen wir auf Messers Schneide das Gleichgewicht halten.

Ich denke, jeder von uns, wenn er in sich hineinschaut, kann erkennen, dass es eine Grenzlinie gibt zwischen selbstsüchtiger Verbitterung (»Warum musste mir das zustoßen?«) und dem Kummer und den Sorgen, die eben Teil und Bürde unserer Situation als Menschen sind. Letztere müssen wir akzeptieren und leben, wie jedes Leben gelebt werden muss. Wir leben es in jedem Fall; aber wie wir es leben, darauf kommt es an. Wenn wir das zurückweisen, was allen gemeinsam ist, mit abgewandten Augen durch es hindurchgehen und unseren Anteil an der Not aller ablehnen, obwohl wir auf der anderen Seite alle unseren Anteil an der Freude aller erwarten oder gar verlangen, dann türmt sich das nicht gelebte, abgewiesene Leben gegen uns in Form von Angst auf, einschließlich der Furcht vor dem Tod.

Meister Shaku Sōen liebte es, einen Abendspaziergang durch ein nahe gelegenes Dorf zu machen. Eines Tages hörte er lautes Wehklagen, das aus einem Haus ertönte, und stellte beim behutsamen Eintreten fest, dass der Hausherr gestorben war und die Familie und die Nachbarn weinten. Er setzte sich nieder und weinte mit ihnen zusammen. Ein alter Mann sah ihn und sagte, ziemlich erschüttert darüber, den berühmten Meister mit ihnen weinen zu sehen: »Ich hätte gedacht, dass Ihr über diesen Dingen stündet.« – »Aber gerade das ist es, was mich darüber stellt«, antwortete der Meister mit einem Schluchzen.

Haben wir uns jemals die Mühe gemacht, über die Folgen eines hypothetisch leidfreien Zustands nachzudenken? Was wir dringlich wünschen, ist doch, nicht mehr belästigt oder verletzt zu werden; das würde uns jedoch die Fähigkeit nehmen, Wärme und Freude zu empfinden. Wir würden uns in gefühllose Monster, in herzlose, selbstsüchtige Rohlinge verwandeln. Sollte darin der Weg des Buddhismus bestehen, der an den Zwillingssäulen Weisheit und Liebe festhält?

Liebe und Herzenswärme sind in ihrer annehmenden Demut ein wahrer Segen. Und es ist der Weg, den der Buddhismus pflegt, ein Weg aus dem Leiden heraus, nicht durch Ablehnung sondern durch vollständiges Annehmen. Dies müssen wir wissen, wenn wir die Zen-Meister verstehen wollen oder wenn wir eine Neigung verspüren, diesen Weg selbst zu gehen.

Er ist auch ein Weg, sich selbst wahrhaft zu verstehen. Sich selbst wirklich zu verstehen, ohne dabei irgendetwas auszublenden, bedeutet gleichzeitig auch, die anderen zu verstehen. Und da dies so schwer zu verwirklichen ist, lässt es von selbst Toleranz und Mitgefühl entstehen, die selbstlose Liebe, welche offen, frei und wie die Sonne einfach da ist. »Ich« mit seinem stets vorhandenen Trieb, »altruistisch« einzugreifen, um die Dinge so zu arrangieren, »wie ich sie für richtig halte«, hat jetzt abgedankt. Wenn das Reizmittel verschwunden ist, lässt der Trieb nach. Der willentlich handelnde »Weltverbesserer« ist sprichwörtlich, weil ihm alle zuwiderhandeln, obwohl seine Absichten zweifellos gut sind.

Über Jahrtausende hinweg haben wir versucht, die Welt zu verbessern und auch uns selbst, und obwohl wir in manchen Angelegenheiten anscheinend erfolgreich waren, geht es mit anderen schlechter als je zuvor. Jede kurzfristige Verbesserung zieht unausweichlich ihr Gegenteil nach sich, welches uns ein Bein stellt.

Gibt es einen Ausweg? Jawohl, den härtesten, denn er setzt an unserem Ende an, da, wo es wehtut. Der Weg soll bei jedem von uns die eigenen Hindernisse abbauen. Wir wollen alle halbwegs vernünftig sein, ziemlich tolerant und warmherzig. Warum können wir nicht so sein, oder zumindest nicht immer so sein, obwohl wir es doch möchten? Was hindert uns gegen unseren eigenen Willen daran? Wir stehen uns wahrlich selbst im Weg. Und da die Welt von uns bevölkert wird, sind wir es, die unser eigenes Wohl und Wehe schmieden. Könnte eine beträchtliche Anzahl von uns lediglich die eigenen Hindernisse beseitigen, dann müssten wir uns über die Welt keine Gedanken mehr machen, denn sie würde dann von selbst zu einem besseren Lebensraum. Könnte es sein, dass »Ich« den Versuch angenehmer findet, die Welt zu verändern, anstatt sich daran zu machen, an den eigenen Hindernissen zu arbeiten und auf so sich selbst zu verändern? Unsere Welt würde dadurch eindeutig zu einer besseren.

Die Zen-Meister zeigen diesen Weg, indem sie das Leben so leben, wie sie es eben taten und noch tun. Sie tragen aktiv durch ihre eigene Lebensführung zu dem Weg bei und auch, indem sie ihre Schüler ausbilden, ein derartiges Leben zu führen. Ihr auffallendes Merkmal ist das Fehlen jeglicher Bemühung, einzugreifen oder irgendetwas zu verbessern. Alle unter ihnen vermeiden Abstraktionen und Spekulationen, wie erbaulich und erhaben sie sein mögen, und betrachten sie als »Blumen im leeren Himmel« – die bestenfalls überflüssig sind, noch häufiger aber ausgesprochen destruktiv. Ihr gemeinsames Motto über Jahrhunderte hinweg lautet: »Schaut auf den Platz, wo eure eigenen Füße stehen.« Ein chinesisches Sprichwort, das oft von Zen-Meistern zitiert wird, lautet: »Auch eine Reise von tausend Meilen beginnt direkt unter den eigenen Füßen.«

Wenn die Augen nach imaginären Blumen im Himmel suchen, wenn der Kopf in den Wolken steckt, dann neigt man leicht zum Stolpern und verliert den Weg.

Ein Meister unserer Zeit sagte einmal über seine Schülern, in ihrer Gegenwart, dass sie ihn wohl anscheinend gerne hätten und gelegentlich planten, etwas »Bedeutendes« für ihn zu tun, um ihm eine Freude zu bereiten. Er konnte dies an dem geistesabwesenden Blick in ihren Augen erkennen, die sich an den »großen Dingen« festmachten. Er dämpfte ihren Enthusiasmus nicht ganz und gar, da sie die Konsequenzen kennen lernen müssten. Also fand er sich mit einer Zeit der Unruhe ab. Während ihre Gedanken in die Ferne auf das Große gerichtet waren, vergaßen sie gewöhnliche Dinge wie das Öffnen oder Schließen der Tempeltore, ließen sie den Reis anbrennen, das Gemüse verderben usw. Als dann alle nach einigen Tagen die Spannung spürten und unter Magenverstimmung litten, sagte er ihnen, dass, wenn sie ihm wirklich eine Freude machen wollten, sie doch bitte die »große Sache«, die sie für ihn tun wollten, aufgeben und stattdessen einfach die gewöhnlichen Angelegenheiten erledigen sollten, so gut sie es könnten; nichts würde ihm eine größere Freude bereiten.

Dies ist die typische Art und Weise, wie Zen-Meister »lehren«. Sie sind keine Lehrer im üblichen Sinn des Wortes, sondern sie sind eminent praktisch. Fest und solide stehen sie auf eigenen Füßen und kennen die menschliche Natur. Sie weisen ihren Schülern den WEG, sodass diese sich nicht »im Dornengestrüpp« von Spekulationen verlieren, oder in Regionen, »wo heftiges Verlangen wütet und sich Meinungen wie Speere auf dem Schlachtfeld aufrichten«.

Obwohl sich viele von ihnen, in China wie auch in Japan, kaiserlicher Gunst erfreuten, und einige sogar den Kaiser zu ihren Schülern zählten, gaben sie dennoch dem klösterlichen Leben und Speisen innerhalb ihrer Gemeinschaft den Vorzug. Auch verließen sie ihre Gemeinschaft nicht für längere Zeit; ihre Verantwortung war und ist bindend.

Die Sonne scheint; das ist ihre Natur. Wolken mögen sie vor unseren Augen verhüllen, aber sie beeinträchtigen nicht die Sonne selbst. Wir müssen diese verdeckenden Wolken vertreiben, um der Sonne gewahr zu werden. Wir fabrizieren solche Wolken mit unseren Ich-Interessen, Absichten, Wünschen und Leidenschaften. Tatsächlich stehen wir uns selbst im Weg.

Die Buddhanatur ist in uns, ebenso wie in allem, was existiert. Wenn wir sie nicht mit unseren Wünschen usw. verdecken, seien sie nun gut oder schlecht, dann wirkt sie durch uns aus sich selbst heraus. Dies ist allerdings das

Gegenteil von »wie ich es will, geht alles«. Gerade dieses »Ich«, das immer alles »auf meine eigene Art und Weise« haben möchte, ist die Wolke, die es zu vertreiben gilt.

Während der Übung hängt stets so viel von der eigenen Anstrengung ab, dass auch immer die Gefahr lauert, dass das »Ich« vor Stolz aufgebläht wird. Darum heißt es, dass man für die Übung drei Eigenschaften benötigt: GROSSEN GLAUBEN, GROSSEN ZWEIFEL und GROSSE ANSTRENGUNG.

Großer Zweifel ist vergleichbar mit dem gründlichen Zerkauen der Nahrung, um sie verdaulich zu machen und Magenproblemen vorzubeugen.

Großer Glaube, oder zumindest »die Wurzel Großen Glaubens«, ist unerlässlich, denn er beinhaltet die Fähigkeit, das Haupt achtungsvoll zumindest vor etwas zu beugen, was man als größer als »Ich« wahrnimmt. »Ich« ist ein hochnäsiger Geselle, und das Beugen des Kopfes ist eine uralte Geste des »Ich«-Ablegens. Und in der Zen-Schulung macht man sehr viele Verbeugungen.

Große Anstrengung erklärt sich von selbst.

Während der Schulung muss man anstreben, alles aufzugeben – und hier liegt die Betonung auf den »inneren Errungenschaften«, also eher Vorstellungen, Ansichten und Überzeugungen als Güter und Besitztümer –, sich zielstrebig, mit absoluter Anstrengung und Konzentration zu bemühen, und den GROSSEN TOD zu sterben. Wie es auch eine Zen-Aufgabe formuliert: »Jemand hängt über einem steilen Abgrund und hält sich mit einer Hand an einer Wurzel fest. Kann er seine Hand öffnen und loslassen?« Die Zen-Übung kann einen zwar über diesen Abgrund hängen; aber die Wurzel ist es in erster Linie, die ihn überhaupt erst in diese Lage gebracht hat, und an diese wird er sich mit hartnäckiger Verzweiflung klammern.

Nur er allein kann den Griff loslassen, wenn er reif dazu ist. Und so könnte man sagen, dass die Zen-Übung die Reife hervorbringt, um sowohl den Abgrund selbst loszulassen als auch das Baumeln über ihm. Aber loslassen muss man selbst.

Irgendwann einmal wurden die meisten von uns durch das Leben selbst an einen derartigen Abgrund hingedrängt. Den Zen-Menschen zeichnet aus, dass er dann wirklich loslässt. Vom Abgrund aus fällt er auf seine eigenen zwei Füße. Wenn er dann auf ihnen steht, hat er nichts mehr suchen. Er stützt sich auch auf nichts mehr. Er betritt nicht mehr eines anderen Feld, um dort zu ernten.

Eine gebräuchliche buddhistische Analogie ist der Ozean mit seinen Wellen. Wenn sie durch die Stürme der Leidenschaft aufgewühlt werden, tosen die Wellen, brausen und wälzen sich übereinander. Jede Welle ist unterschiedlich; aber jede von ihnen ist nur Ozean. Als Welle steigt sie an und sinkt wieder; grundsätzlich aber bleibt sie, was sie immer gewesen ist – Ozean. Dies mit klaren Augen zu erkennen, die eigene Ozeannatur oder Buddhanatur anzuerkennen und aus ihr zu leben – dies löst auch das Problem der Angst und des Todes. Und tatsächlich sind dann auch die meisten anderen Probleme gelöst. Der Tod ist auch Erfüllung, wenn wir es denn so sehen können. Waren die Zen-Meister so quicklebendig, weil sie keine Angst vor dem Tod hatten? Und betonten sie deshalb die Bedeutung der klaren Augen? »Kommend oder gehend, stets zu Hause.« »Im Spurlosen gelangt der Pfad zu einem Ende.«

Hinterlässt eine Welle Spuren im Ozean? Die Zen-Meister, die über Jahrhunderte hinweg einer Meinung sind (»sie verknüpften ihre Augenbrauen«), »hinterlassen keine Spur«. Ihre Weisheit ist tatsächlich immerwährend.

Und dennoch sind sie gewöhnliche Menschen. Wie sie es selbst betonen: »Die Nase steht senkrecht, der Mund ist waagerecht.«

Ihre Handlungsweise und das ungehinderte Leben, welches darein fließt, kann man nicht in ein festes Rahmenwerk pressen. Dieses ungehindert spielende Leben, der »Samādhi des Spiels«, liegt wahrlich jenseits von Gesetzen und Regeln – aber aus dieser Quelle entspringen auch alle moralischen Werte und religiösen Regeln. Jenseits von Gesetzen heißt nicht gesetzlos! Hier liegt die unerschöpfliche Quelle der Kreativität, jeder Kunst und einer ruhigen und tiefgründigen Menschlichkeit. Solche Menschen sind selbst zum WEG geworden. Wie könnten sie ihm zuwiderhandeln?

Damit dieses frei fließende Leben stets zugegen sein kann, sind bestimmte Eigenschaften erforderlich, die man auf dem Weg entwickeln muss. »Ich« ist »Hochs« und »Tiefs« unterworfen. Nicht aber das Herz. Nur »Ich« verlangt/hasst/fürchtet irgendetwas, denn »Ich« schließt »anderes« aus. Genau dies begründet die Unsicherheit von »Ich«.

Die Drei Feuer sind das Bindeglied zwischen »Ich« und dem Objekt. Ohne eine derartige Verbindung ist das Objekt als solches neutral und lässt mich subjektiv kalt. Was mich hinsichtlich des Objektes »heiß« werden lässt, ist meine Reaktion darauf, sei es ein Wünschen, ein Ablehnen, ein Fürchten oder was auch immer, unabhängig davon, ob dieses Objekt konkret oder abstrakt ist, eine Maus oder ein Ideal. Das Feuer brennt in mir; meine Unwissenheit lässt mich denken, es läge »außerhalb« in diesem Objekt.

Ich will also etwas. Wenn ich daran denke, wie viele verschiedene Dinge ich heiß begehrt habe – einschließlich meiner Meinungen, Ideale, Vorstellungen und Ähnlichem –, dann erkenne ich, dass die Objekte meiner Wünsche ihre Gestalt wandelten, denn kaum habe ich bekommen, was ich mir so sehr wünschte, hat es schon seinen Reiz verloren. Nur solange ich ihn haben will, scheint der Gegenstand eine unwiderstehliche Anziehungskraft, eine echte Macht über mich zu besitzen. Ich glaube für immer glücklich leben zu können, sobald das heiß Ersehnte »mein« wäre. Aber nachdem ich das so sehnsüchtig Erwünschte tatsächlich bekommen habe, verliert es seine Anziehungskraft, und nach einer Zeit der Ruhelosigkeit gewinnt ein anderer verführerischer Gegenstand meine Zuneigung – und wird ebenso hitzig verfolgt. Ob es sich dabei um einen neuen Hut, ein neues Auto, ein neues Haus, eine neue Idee oder Vorstellung handelt, spielt keine Rolle. Noch einmal: Die Objekte sind in sich selbst neutral; was mich berührt, ist nur meine Reaktion auf sie.

Es ist eine nützliche Übung, das Hin-und-her-Pendeln unserer Wünsche zu beobachten. Die kleineren Wünsche sind am einfachsten zu beobachten: Sie ändern sich häufig, sind leicht zu erfüllen, und ihre Faszinationskraft ist nicht allzu groß – so stellen sie ein gutes Übungsmaterial dar. Wenn wir dieses Beobachten mit sanfter Disziplin durchführen, mögen wir feststellen, dass die Gegenstände unserer Wünsche sich so häufig ändern, dass es letztlich nicht die Objekte sind, die ich besitzen möchte. Vielmehr will ich haben, was mir zusagt, möchte meinen Willen durchsetzen oder haben, was mir gefällt.

Nachdem ich also zunächst mit einem »Ich will etwas« losgegangen bin, bleibe ich jetzt mit einem zurechtgestutzten »Ich will« zurück, das so lange nach etwas sucht, bis sich ein passender Gegenstand zum Zugriff anbietet, konkret oder abstrakt. Jetzt weiß ich, was ich möchte. Die alte Täuschung hat wieder einmal von mir Besitz ergriffen.

Paradoxerweise weiß ich nicht, was ich *wirklich* möchte. Ich kann es nicht wissen, denn es ist ein Bild aufgetaucht, das es verbirgt. Der Bildermacher heißt »Ich«. Durch disziplinierte Übung ist es möglich, »Ich« zu besänftigen und zu zähmen und vom Bildermachen zu entwöhnen. Nachdem sowohl Bild (etwas) als auch Bildermacher (Ich) wegfallen, bleibt von unserem Satz »Ich will etwas« das zurück, was ich als Wunsch gesehen habe, von dem kein »Ich« erkennen kann, was es wirklich ist und was man als Herz oder auch als Buddhanatur bezeichnet. Worte spielen hier keine Rolle; sie sind lediglich Begriffe, bestenfalls Hinweise, und wie wir jetzt wissen, lauert in ihnen stets die Gefahr des Bildermachens! »Ich« kann es niemals wissen; »Ich« steht sich selbst im Weg. Das Problem liegt in der Tendenz von »Ich«, Bilder anzufertigen – eine Funktionsstörung. Ohne den Anreiz zum Bildermachen gibt es nur reflektierendes Bewusstsein, dessen Funktion unter anderen das intelligente Denken ist.

Was äußerte der Buddha bei seinem Erwachen? Was beeindruckte ihn mehr als alles andere, was waren die ersten Worte, die er sprach? »Ich habe dich gesehen, Hausbauer – der Dachfirst ist zerbrochen – niemals mehr wirst du neue Häuser bauen.«

Diesen Hausbauer, den Bildermacher, kann man nicht sehen. An sich existiert er nicht. Man kann aber wirklich und konkret einen Einblick gewinnen in das, was ihn hervorgerufen hat, allerdings nur in einem Zustand, in dem man »nackt und allein« und aller Attribute und Errungenschaften ledig ist, wie bei dem Buddha, als er unter dem

Bodhibaum saß – wenn wahrlich nichts, kein Gegenstand[2] mehr da ist.

Die Zen-Meister sind Führer, um ihren Schülern zu dieser Einsicht zu verhelfen. Meister Enō (Hui Neng, der Sechste Patriarch) forderte: »Zeige mir dein wahres Gesicht, das du hattest, bevor dein Vater und deine Mutter geboren waren.« Dies ist sicherlich kein »Gegenstand«, weder konkret noch abstrakt; am wenigsten von allem ist es »meins«. Als Meister Jōshū von einem Mönch gefragt wurde, ob ein Hund Buddhanatur besitze, wies er direkt in seiner Antwort darauf hin: »Nichts.« Und Meister Hakuin schließt sich mit seiner erschreckenden Frage an: »Welches ist das Geräusch einer Hand?«

Mehr als tausend Jahre trennen Meister Enō und Meister Hakuin zeitlich voneinander; aber in ihrer Einsicht »verknüpfen sie ihre Augenbrauen« miteinander. Sie stimmen überein. Wie könnten sie auch nicht? Im HERZENSGRUND gibt es nicht so etwas wie »modern« oder »alt«, Osten oder Westen – tatsächlich gibt es da nichts.

Da ist Nichts – immer und überall. Was für ein Widerspruch! Wir sind Lebewesen in unserer dualen Welt von Tag und Nacht, Dunkel und Hell, von Freude und Kummer. Wir gehören wirklich zu ihr, da wir ein Teil von ihr sind. Auch in uns liegt der scheinbare Widerspruch des Seins.

Aus der dunklen Nacht des Nichts geht die Sonne auf, und wir sehen die »zehntausend Dinge«. Ein derartiger

2 Hier und im Folgenden nutzt die Autorin im englischsprachigen Original die Möglichkeit, mit dem Wort ›nothing‹ (nichts) und seiner etymologischen Aufspaltung zu ›no-thing‹ (kein Ding) zu spielen. Dies lässt sich im Deutschen nicht immer adäquat wiedergeben. (Anm. d. Übers.)

Anblick kann uns leicht verwirren, besonders wenn uns das blendende Sonnenlicht in die Augen scheint. In tiefer Nacht sehen wir überhaupt nichts, und so erscheint alles als dasselbe, geprägt von der einen Dunkelheit. Aber bei Tageslicht ist ein Baum ein Baum, und ein Haus ist ein Haus. Wenn wir nicht zum Spielball der Umstände werden wollen, müssen wir lernen, klare Unterschiede zu erkennen. Ohne den Bildermacher ist kein Urteil im Spiel, nur das Erkennen von Unterschieden. Ich bin ich, und du bist du, und bei Licht sind wir nicht derselbe, obwohl wir des gleichen Geschlechtes sind. »In der Frühlingslandschaft gibt es kein Besser oder Schlechter; die blühenden Äste wachsen ganz natürlich lang oder kurz.« Und so haben wir Respekt und Verständnis füreinander, nehmen unsere eigenen Grenzen an und bedenken unser Los als Menschen.

Beim Bergsteigen kann ein Unerfahrener gelegentlich von Schwindelanfällen oder Angst überfallen werden. Dies geschieht gewöhnlich an exponierter Stelle, wo echte Gefahr droht. Er kann dann weder vorwärts- noch rückwärtsgehen. Wenn diese Situation tatsächlich ausweglos erscheint, muss der Führer manchmal »helfend« auf einen Schlag ins Gesicht zurückgreifen. Die emotionale Reaktion darauf öffnet die Sackgasse und ermöglicht wieder Bewegung.

Auch Zen-Meister wenden dieses Mittel an, um eine Veränderung in einer festgefahrenen Situation herbeizuführen. Wenn man Zen-Geschichten liest, die aus dem Zusammenhang gerissen sind, sozusagen als eine Sammlung von »Schlaglichtern«, ohne Kenntnis dessen, was in der Schulung tatsächlich passiert, dann könnte man den Eindruck gewinnen, dass hier ständig geschlagen und geprügelt würde. Ein Bergführer schlägt seinen Schützling aber nicht willkürlich; und die Zen-Meister sind Führer, die in passenden Mitteln gut geschult sind. Die Schulung erfordert, dass auch der Schüler Geschicklichkeit im Benutzen passenden Mitteln erwirbt, Geschicklichkeit im Benutzen der gegebenen Situation und der vorhandenen Umstände, und Geschicklichkeit im Sichbegnügen mit dem, was da ist.

Der Buddha lehrte den Mittleren Weg. Es gibt nur wenig Spielraum zwischen dem Sichzurücklehnen, bis man den Halt verliert, und dem Sich-nach-vorn-Beugen, bis man auf die Nase fällt. Sich nach rechts oder links zu neigen ist ebenso gefährlich. Meister Rinzai legt Wert auf »den unabhängigen Menschen des Weges, der sich auf nichts stützt«, denn das Wesentliche besteht darin, sich auf Nichts, auf keinerlei Ding zu stützen und somit den Mittleren Weg zu bewahren. Wenn wir dahin gelangt sind, die Dinge richtig zu sehen, leben wir ein vollständiges, ein wirkliches Leben.

Nach der Legende machte das Buddhakind nach seiner Geburt einen Schritt in jede Richtung und sprach dabei: »Im Himmel und auf Erden bin ich allein der Weltgeehrte.«

Wir wissen alle, dass Prinz Gautama der Buddha wurde, der Erwachte; der wie auch wir als ein Mensch geboren wurde und starb. Wie könnte es möglich sein, dass ein neugeborenes Baby gehen und sprechen kann? Noch dazu klingt seine Aussage, rein schon von der Wortwahl her, auf geradezu aggressive Weise arrogant – wäre sie denn aus dem Mund eines Erwachsenen gekommen. Aber aus dem Mund eines unschuldigen Kindes – wie direkt die Legende doch ist und wie genau ihr Hinweis! »Das« benutzt der Bauer an jedem Tag, ohne es zu wissen, wie es ein alter Zen-Spruch formuliert. Und der »Erwachte« weiß es – das ist alles.

Aber mit dieser Erkenntnis hat man Einblick in eines der grundlegenden Probleme des Menschen – den Tod. Und als Folge davon lösen sich auch die meisten anderen Probleme auf. In der alten buddhistischen Analogie vom Ozean und den Wellen ausgedrückt: »Wenn eine ›Welle‹ zu ihrem Wesen als Ozean erwacht, wird sie dann noch durch ihr Aufsteigen und Zurücksinken übermäßig gestört sein?« Obwohl die Momente des Auftauchens und Wiederverschmelzens wirklich bedeutsam sind, ist die Welle dennoch stets im Ozean enthalten, stammt sie vom Ozean ab und kann niemals von ihm getrennt sein; ihr wesentlicher Grund und ihr Sein ist der Ozean in all seiner Größe und Kraft.

Dies verkündet die Legende des Buddhakindes laut und klar. Der Erwachte, der Buddha, lehrte das Leiden, das Gefangensein »in der Welle allein«, und den Weg aus diesem Leiden heraus, das Öffnen des Weisheitsauges, die Erkenntnis der Ozeannatur. Es geht nicht darum, irgendetwas zu erlangen, sondern um eine echte und schlüssige Änderung der Einstellung. Hierfür ist die Übung essenziell. Der Geist kennt viele Vorstellungen, er ist ein notorischer Windbeutel. Nur ein echter Herzenswandel kann aus sich selbst genügend Kraft für diese Schulung bereitstellen. Alte Gewohnheiten sind zählebig. Daher die zahlreichen Analogien des Schmiedens, Hämmerns und Feilens. Das Wellen-»Ich« muss beschnitten und zurückgestutzt werden, bevor die Ozeannatur klar werden kann. Eine nicht durch sich selbst geblendete Welle würde, hätte sie ein Bewusstsein, den Weg nach oben und unten kennen; jedes Aufsteigen und Zurückfallen bringt neue Erfahrung mit sich – und so sind das Aufsteigen und Zurückfallen bedeutungsvoll.

Wichtig ist, wie wir unser Leben gestalten. Und das Wunderbare ist, dass unser Leben, wenn man dies einmal begreift, von selbst Sinn und Bedeutung erlangt, »vollständig« wird, während es zuvor leer zu sein schien. Und auch der Tod ist dann Erfüllung. Ohne die Furcht davor ist der »Weg nach unten« ebenso klar wie der »Weg nach oben«.

Die Zen-Meister wussten über ihre Rückkehr Bescheid. Es war und ist auch heute ihre Gewohnheit, sich vor ihrem Tod von ihren Schülern zu verabschieden, und häufig schrieben sie ein so genanntes »Todes-Gedicht«. Ist das im klaren Licht so seltsam? »Der Bauer gebraucht es ganz unbewusst an jedem Tag.«

Wir haben Angst vor dem Tod, weil wir in der »Welle allein« gefangen sind. Wir verleugnen den anderen Teil, geben uns nicht ganz hin und leben daher unvollständig. So türmt sich nicht gelebtes Leben gegen uns auf. Außerdem sehen wir heutzutage nicht mehr, wie Menschen sterben. Wahrlich, Tod ist bei uns zu einem Unwort geworden; die Würde und Majestät des Todes sind uns verloren gegangen.

In der Zen-Schulung ist kein Platz für Sentimentalität; das ist ein Luxus, dem man sich nicht hingibt. Auch Lobhudelei und Schmeichelei bleiben außen vor. Aber die Beziehung zwischen Meister und Schüler ist bindend. Sie ist auch eine Beziehung von äußerster Aufrichtigkeit, von vollständiger Nacktheit, in der es keinen Platz gibt für Schauspielerei oder Mummenschanz. Sie ist so gefährlich wie ein blankes Schwert oder ein gereizter Tiger. In diesem Licht gewinnen die kurzen, schlagfertigen Antworten eine andere Bedeutung, als wenn sie nur flüchtig in einem bequemen Sessel sitzend gelesen werden.

Im Zen gibt es kein spezifisches »Lehrwerk«. Die Zen-Meister führen ihre Schüler auf lebendige Weise, durch direktes Beispiel und indem sie mit dem Finger darauf zeigen – und warnen die Schüler gleichzeitig davor, »den Finger, der auf ihn zeigt, mit dem Mond zu verwechseln«.

Was ist nun der Buddha-Dharma, das Heilige Gesetz des Buddhismus, die Essenz des Buddhismus und des Zen?

Meister Rinzai sprach: »Jede Absicht des Herzens geht am Ziel vorbei. Jede gedankliche Bewegung führt in die entgegengesetzte Richtung. Wenn ihr das verstehen könnt, seid ihr nicht getrennt von dem EINEN direkt hier vor euren Augen. Und dennoch lauft ihr umher, beladen mit eurer Bettelschale und eurem Sack, und haltet nach dem Buddha und dem Dharma Ausschau. Kennt ihr den eigentlich, der so suchend überall herumrennt? Er ist lebendig wie ein Fisch im Wasser und hat weder Wurzel noch Stamm. Auch wenn ihr ihn ergreift, könnt ihr ihn nicht besitzen; auch wenn ihr euch von ihm entfernt, werdet ihr ihn nicht los. Je mehr ihr ihn sucht, desto weiter ist er entfernt, und wenn ihr ihn nicht sucht, ist er direkt vor euren Augen.«

Meister Enō sagte: »Wir verwenden es jeden Tag, ohne es zu wissen.« Da wir es nicht wissen, werden wir durch die Umstände umhergetrieben. Meister Hakuin nennt dies »mitten im Wasser erbärmlich vor Durst schreien«. Und Meister Rinzai warnt: »Lasst das Gerenne; schaut hin, es fehlt an nichts.«

Es gibt also nichts, was man »erreichen« oder »vollbringen« müsste. Und der Unterschied liegt nicht im »Gebrauchen« an sich, denn wir verwenden es ohnehin, sondern es kommt darauf an, es mit offenen Augen, wissentlich zu tun. Daher, wenn sich die Augen wirklich wie nach einem Traum öffnen, erscheint es wie innerlich vertraut, »wie wenn man dem eigenen Vater an der Kreuzung begegnet und ihn zweifelsfrei erkennt«. Oder, wie ein alter Meister es ausdrückte: »Wie erstaunlich, wie wunderbar, ich trage Holz und hole Wasser.« Meister Hakuin spricht: »Da wir nicht wissen, wie nah es ist, suchen wir es in weiter Ferne.« Wir jagen dem Unbekannten hinterher, den Wundern, nicht wissend, dass wir mitten unter ihnen sind – würden wir nur unsere Augen öffnen. »Auch wenn Goldstaub etwas Kostbares ist: Wird er in die Augen geweht, trübt er die Sicht.«

Von den Sechs Pfaden der Existenz heißt es, dass Erlösung nur aus dem menschlichen Bereich heraus möglich ist. Obwohl wir mit einem menschlichen Körper geboren werden, sind wir noch nicht wirklich menschlich; wir tragen alle Bereiche in uns. Die Schulungsarbeit besteht darin, sie zu transformieren, umzuwandeln, sie menschlich zu machen. Eine derartige Transformation bedarf großer Anstrengung und ist gleichzeitig eine echte Liebesarbeit. (Sublimation ist bestenfalls eine Veränderung des »Bildes«; sie tangiert nicht den Energiefluss, der sie entstehen lässt. Aber Letzterer ist es, der transformiert oder »humanisiert« werden muss.) Nur wenn die Götter und die Dämonen, die »Höhen« und »Tiefen« durch- und ausgearbeitet werden, wird ein wirkliches menschliches Wesen geboren.

Wenn uns Aussagen begegnen wie Meister Rinzais »Wenn du dem Buddha begegnest, dann töte den Buddha«, so dürfen wir uns nicht durch deren scheinbare Oberfläche täuschen lassen, besonders wenn uns der Buddha wenig bedeutet. Der Mann, der zum Buddha wurde, ist tot. Was er war, nämlich »erwacht«, kann man nicht »finden«, denn es ist Nichts, kein Ding, kein Objekt. Daher ist »Erwachen« ein Erwachen zum Nicht-da-Sein von Dingen wie Meinungen, Vorstellungen, eingefleischten Ansichten und geschätzten Idealen, besonders denen, ohne die das Leben nicht lebenswert erscheint und auf denen wir unser Leben aufgebaut haben – so wie der aufrichtige Nachfolger seines auf Buddha aufgebaut hat. Diese – und so ist Meister Rinzai korrekt zu verstehen – gilt es zu töten. Nur auf diesem Weg können wir in dieses Nichtdasein gelangen, in die spirituelle Armut, in der sich »die Sicht des einen Auges« öffnet, welches das Herz ist, öffnet zu dem, was sowohl eins als auch zwei ist, Licht und Wärme.

Eine Hand voll Wasser aus einem lebendigen Fluss herausnehmen und die Tropfen versprühen – und Meister Rinzai warnt: »Lasst euch nicht täuschen.«

II

Geschichten und Aussprüche

1

Zu Beginn der glorreichen Tang-Dynastie lebte ein alter Herr in der Hauptstadt, der für die Tiefe seiner Einsicht in die Lehren von Meister Kong (Konfuzius) und seine Höflichkeit und Ehrlichkeit bekannt war. Er hörte, dass irgendwo im tiefen, »barbarischen« Süden eine neue Lehre aufgetaucht sei, die für noch tiefer als die konfuzianische gehalten wurde. Der Gelehrte empfand dieses Gerücht als unerträglich. Und da es niemanden sonst von einer derartig durchdringenden Einsicht gab, beschloss er, trotz seiner achtzig Jahre die riskante und beschwerliche Reise auf sich zu nehmen, um diese Angelegenheit zu klären. Keine Mühe ist in der Suche nach Wahrheit zu groß. Schließlich erreichte er nach Wochen tapfer ertragener Unannehmlichkeiten das Zen-Kloster, von dessen Meister es hieß, er besäße tiefe und echte Einsicht. Der alte Herr stellte sich vor, erklärte, was ihn den ganzen Weg von der Hauptstadt hergeführt habe und schlug vor, dass jeder dem anderen seine Einsicht darlegen solle, falls er damit einverstanden sei. Dann würden sie – als zwei Ehrenmänner – entscheiden, welche von beiden die tiefere Einsicht sei.

Der Zen-Meister war einverstanden. Drei Stunden lang legte der Konfuzianer die Lehren Meister Kongs samt seinen eigenen Kommentaren dar und bat dann seinen Gastgeber höflich, nun seine Einsicht darzulegen. Aber der Zen-Meister sagte lediglich: »Soweit wie möglich niemandem Schaden zufügen, so viel Gutes wie möglich zu tun – dies ist die Lehre aller Buddhas.«

Der alte Mann war verständlicherweise aufgebracht und sprach: »Ich habe nichts für mich behalten, habe meine Absicht offen und ehrlich dargelegt und die ganze Tiefe der konfuzianischen Lehren offengelegt. Und Ihr, Ihr antwortet mir mit einem kleinen Spruch, den jedes dreijährige Kind auswendig kennt! Macht Ihr Euch über mich lustig?«

»Keinesfalls«, antwortete der Zen-Meister, »ich würdige auch Eure Mühe, die eine derartig lange und schwierige Reise auf der Suche nach der Wahrheit erfordert hat. Obwohl es richtig ist, dass jedes dreijährige Kind diesen Vers kennt, gelingt es, wie Ihr selbst erkennen könnt, sogar einem Mann von achtzig Jahren nicht, danach zu leben!«

2

Zur Zeit des japanischen Mittelalters lebte in einem Kloster ein älterer Mönch, vor dem die jungen Novizen gewaltigen Respekt hatten – nicht weil er streng zu ihnen war, sondern weil ihn niemals etwas aus der Ruhe bringen oder aufregen konnte. Daher war er ihnen unheimlich, und sie hatten sogar Angst vor ihm. Schließlich glaubten sie, die Situation nicht länger ertragen zu können, und beschlossen, ihn auf die Probe zu stellen.

An einem dunklen Wintermorgen, an dem jener ältere Mönch gerade damit beauftragt war, Votivtee in den Saal des Gründers zu bringen, taten sich die Novizen zusammen und versteckten sich in einer Ecke des langen, verwinkelten Korridors, der zu der bewussten Halle führte. In dem Augenblick, als der Ältere vorbeikam, stürmten sie hervor und brüllten wie eine Schar böser Geister. Ohne auch nur einen Schritt lang zu stocken ging der Ältere ruhig weiter und trug sorgsam den Tee. An der nächsten

Ecke des Flurs befand sich, wie er wusste, ein kleiner Tisch. Er ging in der Dunkelheit auf den Tisch zu, setzte die Teeschale darauf, deckte sie zu, sodass kein Staub hineinfallen konnte, stützte sich dann an die Wand und schrie schockiert: »Oh – oh – oh!«

Ein Zen-Meister, der diese Geschichte erzählte, kommentierte sie folgendermaßen: »Ihr seht also, dass es an den Emotionen nichts auszusetzen gibt. Man darf sich nur nicht von ihnen mitreißen oder sich bei dem stören lassen, was man gerade tut.«

3

Zwei Mönche kamen während einer Pilgerfahrt an die Furt eines Flusses. Dort erblickten sie eine junge Frau in vollem Staat, die sich offensichtlich nicht zu helfen wusste, denn der Wasserstand war hoch und sie wollte sich nicht ihre Kleider verderben. Ohne viel Aufhebens zu machen nahm einer der Mönche die junge Frau auf seinen Rücken, trug sie hinüber und setzte sie auf trockenem Boden wieder ab. Dann zogen die Mönche weiter.

Der andere Mönch begann zu lamentieren: »Es ist doch ganz bestimmt nicht richtig, eine Frau zu berühren. Es verstößt gegen die Vorschriften, in engen Kontakt mit einer Frau zu treten. Wie konntest du dich nur über die Mönchsregeln hinwegsetzen?«, und so ging es unaufhörlich weiter. Der Mönch, der die junge Frau getragen hatte, setzte zunächst schweigend seinen Weg fort, schließlich aber sagte er: »Ich habe sie am Ufer des Flusses wieder abgesetzt. Aber du trägst sie immer noch mit dir herum.«

4

Ein junger Mönch hatte erst zwei Jahre lang unter einem berühmten Meister geübt, als dieser alte Meister starb. Nachdem sein Nachfolger in sein Amt eingeführt worden war, suchten ihn alle Mönche auf, um ihn um Erlaubnis zu bitten, unter ihm ihre Übung fortsetzen zu dürfen. Als der junge Kyōgen an die Reihe kam, fragte ihn der neue Meister, der Kyōgen gut kannte: »Da bist du also, hochintelligent, verfügst über herausragende Fähigkeiten und kannst alle Schriften auswendig hersagen. Bist du sicher, dass du dieses harte und schlichte Training weiterführen willst und überhaupt noch nötig hast?« Der junge Mann, sehr erfreut darüber, dass seine Fähigkeiten bekannt waren, gab zu verstehen, dass er es für eine gute Sache halte, noch ein paar Jahre zu bleiben.

Der neue Meister ging auf ihn ein: »Du bist also sehr zufrieden mit dir selbst! Nun, da du ja die Schriften auswendig hersagen kannst – sag mir doch: Wohin gehst du, nachdem du gestorben bist?«

Kyōgen war sprachlos. Seine umfassende Kenntnis der Schriften raste durch seinen Kopf, aber er konnte sich an keine Textstelle erinnern, die auf diese Frage eine Antwort hätte geben können. Mit verletztem Stolz und fest überzeugt, dass die Antwort in den Schriften zu finden sein müsse, bat er um Erlaubnis, sich zurückziehen zu dürfen, um in den Büchern nachzuschlagen. Aber wie sehr er auch suchte, er konnte die Antwort nicht finden.

Die Frage ließ ihn nicht los, er war entschlossen, sie zu beantworten, und er spürte, dass alles auf dem Spiel stand. So brütete er über den Schriften, vergaß Essen und Schlafen und war innerhalb von drei Tagen in einen derartigen Spannungszustand hineingeraten, dass er ihn nicht mehr ertragen konnte.

Der Meister gewährte ihm eine Unterredung. Kyōgen musste zugeben, dass er die Antwort in den Schriften nicht finden konnte und bat seinen Lehrer, sie ihm bitte mitzuteilen. Der aber erwiderte, es sei an ihm, sie zu finden, denn wenn man sie ihm mitteilte, würde er um seine eigene Einsicht gebracht. Unter dem Druck seines Problems war Kyōgen kopflos geworden und forderte kategorisch eine Antwort. Da der Meister bei seiner der strikten Ablehnung blieb, packte Kyōgen ihn und drohte, ihn zu töten. »Und glaubst du, dass mein toter Körper dir die Antwort geben wird?«, lachte der Meister. Daraufhin ließ die Spannung in Kyōgen nach; es wurde ihm plötzlich klar, was er getan hatte. Also entschuldigte er sich und verließ das Kloster in der Überzeugung, dass er alle Chancen in diesem Leben vertan hätte. Er beschloss, sein Leben demütig und friedfertig als Wandermönch zu verbringen, in der Hoffnung, in seinem nächsten Leben seine Übung unter besseren Umständen fortzusetzen zu können.

Nach jahrelanger Wanderschaft durch das ganze Land gelangte er zur Grabstätte des Sechsten Patriarchen, die er verfallen und heruntergekommen vorfand. Dort ließ er sich nieder, brachte den Platz in Ordnung, behütete das Gelände und versorgte gelegentlich vorbeikommende Pilger. So lebte er Jahre dahin. Als er eines Tages fegte und wie üblich Unkraut jätete und seine mit Unkraut und Kieselsteinen gefüllte Karre in den Hinterhof auskippte, traf ein Kieselstein auf einen Bambusstamm und rief ein klirrendes Geräusch hervor. Als er dieses Geräusch vernahm, »erwachte« er plötzlich – und beim Erwachen wusste er auch die Antwort auf die alte Frage. Er reinigte sich, legte seine vollständige Mönchsrobe an, stieg auf den Berg hinter der Pagode, warf sich in Richtung seines Klosters nieder und dankte dem Meister, dass er ihm sogar trotz Androhung des Todes die Antwort nicht mitgeteilt hatte, wodurch er ihn um seine eigene Einsicht gebracht hätte.

5

EINE FROMME alte Frau hatte für einen Mönch eine Klause hergerichtet, brachte ihm über Jahre hinweg sein tägliches Essen und kümmerte sich auch allgemein um ihn. Eines Tages beschloss sie, ihn auf die Probe zu stellen. Sie forderte ihre hübsche junge Nichte auf, ihm sein Essen zu bringen, ihn zu umarmen und dann sofort zurückzukommen, um ihr seine Reaktion mitzuteilen.

Als sie ihn umarmte, stieß der Mönch das Mädchen rüde zurück und sprach: »In einem verwelkten Baum steigt kein Saft mehr empor.« Das Mädchen kehrte zurück und erzählte, was geschehen war. Die alte Frau stürmte zu der Hütte hinauf. »Über Jahre hinweg habe ich einen Holzklotz versorgt!«, trieb den Mönch hinweg und zündete die Klause an.

6

EIN JUNGER Mann wollte übernatürliche Kräfte erwerben. Nach langer Suche nach einem Lehrer fand er in den Bergen einen daoistischen Unsterblichen, der dort als Eremit lebte und einwilligte, ihn unter der Bedingung zu unterweisen, dass er niemals Fragen stellen oder sich einmischen solle, was auch immer er sähe. Der erwartungsvolle junge Mann erklärte sich damit einverstanden. Er sah, wie zunächst ein Hund übel geschlagen wurde und dann dasselbe bei einem Mann. Er hielt sich den Mund zu und schaute anderswo hin. Schließlich nahm ihn sein Lehrer mit in die Hölle hinab. Dort erblickte er sowohl seinen Vater als auch seine Mutter, die in Ketten gefesselt herumgeschleppt und von Unholden geschlagen wurden. Bei diesem Anblick sprang er auf und rief: »Nein! Schluss damit!« – und fand sich in seinem Heimatdorf wieder, war zufrieden und begehrte keine übernatürlichen Kräfte mehr.

7

Ein älterer Mönch stieg auf seiner Pilgerfahrt eines Abends in einem Tempel ab, wo er mit einem anderen Mönch ins Gespräch kam, der sich ebenfalls auf Pilgerfahrt befand. Die beiden entdeckten viele Gemeinsamkeiten und beschlossen, am nächsten Morgen, ihre Reise gemeinsam fortzusetzen.

Als sie an einen Fluss gelangten, hatte das Fährschiff gerade abgelegt. Der Ältere setzte sich nieder, um dessen Rückkehr abzuwarten. Sein neuer Freund setzte die Reise fort, indem er über das Wasser lief. Auf halber Strecke wandte er sich um, ermunterte ihn, ihm zu folgen und rief ihm zu: »Du kannst das auch. Hab einfach Vertrauen und geh über das Wasser.« Aber der Ältere schüttelte den Kopf und blieb zurück. »Wenn du Angst hast, werde ich dir hinüberhelfen. Du siehst ja, dass ich das kann.« Wiederum schüttelte der Ältere den Kopf. Der andere ging hinüber, wartete dort, bis die Fähre auch den Älteren herübergebracht hatte, und fragte: »Warum bist du nur zurückgeblieben?« – »Und was hat es dir gebracht, dich derartig zu sputen?«, entgegnete der Ältere. »Wenn ich gewusst hätte, was für ein Mensch du bist, hätte ich keinen Umgang mit dir gesucht.« Und er verabschiedete sich von ihm und ging allein weiter.

8

Meister Rinzai zitierte in einer Ansprache an seine Mönche Schriften, nach denen der Buddha übernatürliche Kräfte besaß und erklärte, worin diese bestehen. Was wir gemeinhin als übernatürliche Kräfte bezeichnen, sind nicht diejenigen des Buddha. Beispielsweise ließ der König der Dämonen nach der Niederlage in einer Schlacht seine gesamte Schar von Teufeln, insgesamt 84.000, in einem hohlen Lotusstiel verschwinden. Würde das den König der Dämonen zu einem Buddha machen? Die übernatürlichen Kräfte des Buddha sind die echten, und nur ein Buddha besitzt sie: das Sehen, ohne durch Farbe und Form getäuscht zu werden; das Hören, ohne durch Töne in die Irre geführt zu werden; das Riechen, ohne durch Geruch getäuscht zu werden; das Schmecken, ohne durch Geschmack getäuscht zu werden; das Berühren, ohne durch die Berührung getäuscht zu werden; und das Denken, ohne durch Geistesformationen getäuscht zu werden.

9

Meister Hakuin sagte: »Wenn jemand den Geschmack von Meerwasser kennenlernen will, muss er sich, selbst wenn er mitten in den Bergen lebt, nur geradeaus auf den Weg machen; wenn er weitergeht, gelangt er nach ein paar Tagen mit Sicherheit ans Meer.[3] Wenn er dann seinen Finger hineintaucht und die Tropfen ableckt, kennt er in diesem Augenblick den Geschmack aller sieben Meere.«

3 Die Rede ist von Japan, einem Inselreich.

10

Als Junge hörte Meister Hakuin eine erschreckende Predigt über die Qualen der Hölle. Als er dann noch am gleichen Abend die Flammen unter der eisernen Badewanne[4] prasseln hörte, verschmolzen Predigt und Geräusch zu einem der Eindrücke, die den Lauf des Lebens verändern. Er wurde Mönch, um die Angst vor dem Verbrennen loszuwerden.

Durch die Angst angespornt, übte er gewissenhaft und durchlief alle Höhen und Tiefen, die ein derartiges Training mit sich bringt. Im Alter von vierundzwanzig Jahren hatte er ein Erlebnis, das ihm gewaltig erschien – so stark, dass er glaubte, dass niemand sonst in den vergangenen zweihundert Jahren eine derartige Tiefe erreicht hätte. Er wollte es nach herkömmlicher Tradition bestätigt haben, aber kein Meister fand sich dazu bereit. Der junge Hakuin war nur umso stärker überzeugt und beschloss dann, einen Meister aufzusuchen, der im Gebirge lebte und sowohl für seine Strenge als auch seine Einsicht bekannt war. Bei seiner Ankunft dort legte er dem Meister ein Gedicht vor, das er verfasst hatte, um seine Einsicht zu demonstrieren. Shōju Rōjin nahm es mit einer Hand an, streckte die andere aus und sprach: »Dein Gedicht habe ich bekommen. Jetzt zeig mir deine Einsicht!«

Hakuin war verblüfft, fing an zu reden, wurde zurückgewiesen, war aber dennoch entschlossen, seine Einsicht zu zeigen, und nach wiederholter Ablehnung blieb er bei dem Meister, da er sich sicher war, ihn überzeugen zu können. Der Meister behandelte ihn seinerseits mit beispielloser Strenge, nannte ihn »ein in einer dunklen Höhle gefangenes Teufelskind« und schlug ihn unaufhörlich.

4 Das ist die traditionelle japanische Methode, das Wasser zu erhitzen.

Diese Auseinandersetzungen zwischen dem leidenschaftlichen jungen Mann und dem Meister, der einen außergewöhnlich begabten Schüler durch die letzte Sackgasse trunkenen Stolzes hindurchführte, dauerte ein Jahr. Dann wurde Hakuin eines Tages beim Bettelgang in einem Dorf derartig geistesabwesend, dass er nicht hörte, wie die alte Frau, an deren Türschwelle er stand, ihn aufforderte, sich zu entfernen. Sie wurde wütend, als sie feststellte, dass der mutmaßlich unverschämte Mönch immer noch um Almosen bettelte, nachdem sie ihm gebeten hatte zu gehen. Schließlich verlor sie gänzlich die Beherrschung, ergriff einen Besen und schlug ihn so fest sie konnte. Hakuin fiel bewusstlos zu Boden und »erwachte«, als er wieder zu sich kam.

Bei seiner Rückkehr begegnete er seinem Meister, der ihn groß anschaute und fragte, was geschehen sei. Hakuin erstattete Bericht über die Vorkommnisse. Sein Meister streichelte ihn liebevoll mit seinem Fächer und nannte ihn niemals mehr »ein in einer dunklen Höhle eingeschlossenes Teufelskind«. All dies geschah, als Hakuin ungefähr fünfundzwanzig Jahre alt war.

Schon bald danach verließ er seinen Meister und pflegte seinen erkrankten alten Tempel-Lehrer. Nachdem dieser gestorben war, musste er sich um seine alte Mutter kümmern. Dann wanderte er eine Zeit lang umher und ließ sich schließlich in einem alten Tempel nieder.

In seinem eigenen Bericht erzählt er, dass er im Alter von zweiundvierzig Jahren eines Nachts das *Lotos-Sūtra* las. Draußen schneite es. Als er von seinem Buch aufschaute, schien sich plötzlich alles herauszubilden und Gestalt anzunehmen. Er hatte viele Erfahrungen gehabt, jetzt aber »sah« er. Tränen traten ihm in die Augen, und alles, was er zu sagen wusste, war: »Das Zen-Training ist nicht leicht.« Später gestand er ein, dass im Vergleich mit diesem Erlebnis seine großen Erfahrungen und die vielen kleinen, »die einen nur zum Lachen und Tanzen bringen«, unbedeutend erschienen.

11

Meister Sessō warnte: »Es besteht wenig Unterschied zwischen einem, der von Reiswein volltrunken in einem Graben liegt und einem, der trunken ist von Satori.« Und von Letzterem sagte er, dass es wie bei kleinen Kindern sei, die alle auf dem Jahrmarkt einen Goldfisch in einem mit Wasser gefüllten Plastiksack gekauft haben. Auf dem Heimweg beginnen sie untereinander zu wetteifern: »Meiner ist am größten.« – »Aber meiner hat die schönste Farbe.« – »Nein, nein, meiner ist am muntersten«, und schon bald geraten sie in ernsthafte Streitereien. Dann fliegt der erste Stein, ein Sack reißt auf, das glitzernde Wesen verendet, und es gibt Kummer und Klagen.

12

Meister Sessō sagte: »Vieles kann man beschreiben, jedoch lässt sich das wirklich Bedeutsame nicht in Worte fassen. Vor einem Shintō-Schrein kann man beispielsweise einen Gläubigen beobachten, der an dem Strohseil zieht, um die Gottheit herbeizurufen, und dann drei Mal in die Hände klatscht, um zu bekunden, dass er zur Anbetung gekommen ist, wonach er sich mit gefalteten Händen in ihrer Anwesenheit verbeugt. All das kann man bis in die letzte Einzelheit beschreiben. Die Gottheit ist ohnehin nicht zu sehen. Was aber im Herzen des aufrichtig Glaubenden bei der Verbeugung vor sich geht, das ist die Gnade. Und die lässt sich nicht beschreiben.«

13

Meister Rinzai sagte: »Weg-Übende, wenn ihr euch klar darüber seid, dass es grundsätzlich nichts zu suchen gibt, dann seid ihr befriedet. Weil ihr aber schwachen Glauben habt, rennt ihr aufgeregt umher, sucht nach eurem Kopf, den ihr verloren zu haben glaubt. Ihr kommt einfach nicht zur Ruhe.«

14

Wohlhabende Spender hatten Meister Ikkyū zu einem Festmahl eingeladen. Der Meister fand sich dort in der Kleidung eines Bettlers ein. Der Gastgeber, der ihn darin nicht erkannte, schickte ihn schnell hinaus: »Wir können dich hier an der Türschwelle nicht gebrauchen. Wir erwarten jeden Augenblick den berühmten Meister Ikkyū.«

Der Meister ging nach Hause, zog seine festliche Robe aus violettem Brokat an und fand sich erneut an der Tür seines Gastgebers ein. Er wurde mit gebührendem Respekt empfangen und in den Speiseraum geleitet. Dort legte er seine zeremonielle Robe auf das Kissen und sprach: »Ich nehme an, dass Ihr die Robe eingeladen habt, da Ihr ja mich selbst vor ganz kurzer Zeit fortgeschickt habt«, und ging von dannen.

15

Meister Rinzai lehrte: »Wenn Schüler kommen, die sich auf der Suche befinden, gehe ich hinaus und schaue sie mir an, aber sie bemerken mich nicht. Also lege ich alle möglichen Gewänder an. Sofort beginnen sie darüber zu spekulieren und lassen sich durch meine Worte zum Narren halten.

Es ist alles sehr traurig.

Blinde Kahlköpfe, ohne Augen um zu sehen, machen sich an den Gewändern fest, die ich trage – grüne, gelbe, rote oder weiße. Ziehe ich sie aus und lege die Robe der Reinheit an, werfen sie nur einen Blick darauf und sind außer sich vor Freude. Und lege ich sie ab, sind sie enttäuscht und schockiert, rennen hektisch umher und beklagen sich darüber, dass ich nackt herumlaufe.

Also sage ich ihnen: ›Kennt ihr mich überhaupt, mich, der all diese Kleider anzieht?‹ Und plötzlich wenden sie ihre Köpfe und erkennen mich.«

16

MEISTER RINZAI warnte seine Schüler: »All das, worüber ich rede, ist nur Medizin, um spezielle Leiden zu heilen. In meinen Reden ist nichts absolut Wirkliches enthalten.«

17

MEISTER MUMON sprach: »Die Schätze des Hauses kommen nicht durch die Eingangstür hinein.«

18

EIN MÖNCH fragte Meister Jōshū nach dem WEG. »Ja ja, direkt dort hinter der Hecke.« – »Aber Meister, ich meine doch den GROSSEN WEG«, beharrte der Mönch. »Oh, der führt zur Hauptstadt«, erwiderte der Meister.

19

Zwei Mönche, die eine Fahne im Wind flattern sahen, begannen darüber zu diskutieren. Der eine sagte: »Es ist die Fahne, die sich bewegt.« Der andere hielt dagegen: »Nein, es ist der Wind, der die Fahne bewegt.« Der Streit ging hin und her. Meister Enō ging auf sie zu: »Es ist weder die Fahne noch der Wind, sondern die Herzen der beiden Brüder sind es, die umherflattern.«

20

Zwei Mönche debattierten über die abstrakte Frage der Verbindung zwischen dem Herzen und den tatsächlichen Gegebenheiten. Als Meister Hōgen ihre Debatte hörte, unterbrach er sie : »Sagt ihr von diesem großen Stein hier, dass er in eurem Herzen ist oder außerhalb davon?« Ein Mönch bemerkte sofort: »Da alles im Herzen ist, so auch dieser Stein.« – »Dein Herz muss aber sehr schwer sein«, erwiderte der Meister.

21

Von Meister Ikkyū wird berichtet, dass er gerade dicken grünen Tee trank, als draußen ein heftiges Gewitter tobte. Er war dabei, seinen letzten Schluck zu nehmen, als der Blitz einschlug und vor ihm herumhüpfte. Meister Ikkyū stülpte rasch die Teeschale über ihn und setzte ihn so gefangen. Voller Selbstmitleid bat der Blitz darum, freigelassen zu werden. Der Meister presste die Teeschale fest nach unten und lehnte ab. Nachdem er wiederholt angefleht wurde, willigte er schließlich aus Mitgefühl ein, den Blitz unter der Bedingung freizulassen, dass er niemals wieder in den Tempelkomplex einschlagen würde. Der

Blitz versprach dies – und tatsächlich hielt er sein Versprechen bis zum heutigen Tag, bis jetzt vierhundert Jahre lang.

22

MEISTER TAKUAN wurde von einem Mönch gefragt, ob er jemals die Amida-Buddha-Anrufung rezitiert habe. »Nein«, antwortete der Meister. – »Warum nicht?« – »Weil ich Angst habe, ich könnte mir den Mund besudeln.«

23

AUF SEINEM Totenbett wurde ein Meister von seinem Schüler und Dharmaerben gefragt: »Meister, gibt es sonst noch etwas, was ich wissen sollte?« – »Nein«, sagte der Meister, »ich bin insgesamt ganz zufrieden. Aber es gibt noch eine Sache, die dich betrifft, welche mich noch beunruhigt.« – »Was ist das?«, fragte der Erbe. »Bitte, sagt es mir, damit ich es richtigstellen kann.« – »Nun«, sprach der Meister, »das Problem ist, dass du noch nach Zen stinkst.«

24

EIN MÖNCH verabschiedete sich von Meister Jōshū, der ihn fragte: »Wo gehst du hin?« Der Mönch antwortete: »Überallhin, wo ich die Buddhalehre erfahren kann.« Meister Jōshū hielt seine Fliegenklatsche hoch und sagte: »Bleibe nicht, wo der Buddha ist. Und geh rasch weg von einem Ort, wo kein Buddha ist! Mach nicht den Fehler, die Buddhalehre vor irgendjemandem im Umkreis von dreitausend Meilen zu erwähnen.«

25

Meister Dōgen erteilte den Rat: »Strebt nicht danach, Buddhaschaft zu erlangen.«

26

Meister Engo sprach: »Wenn ihr Hörner hinter einer Hecke seht, dann wisst ihr, dass dort Rinder sind. Wenn ihr Rauch erblickt, wisst ihr, dass es von einem Feuer stammt.«

27

Meister Rinzai sagte zu seinen Schülern: »Der unabhängige Mensch des Weges verlässt sich auf nichts. Macht euch nicht wichtig, seid einfach euer gewöhnliches Selbst.«

28

Meister Unmon lehrte: »Wir tragen alle ein Licht in uns, aber der Versuch, es zu betrachten, lässt es dunkel werden.«

29

Ein Zen-Sprichwort sagt: »In der Frühlingslandschaft gibt es kein Besser oder Schlechter. Die blühenden Zweige wachsen ganz natürlich lang oder kurz.«

30

Meister Sokei-an, der die Hälfte seines Lebens in den USA verbrachte, bemerkte scherzend: »Wenn ihr in einem leistungsstarken Wagen inmitten der Wüste Gobi seid, könnt ihr auf das Gaspedal treten und beliebig schnell fahren, in jede beliebige Richtung. Wenn ihr aber in New York an einer verkehrsreichen Kreuzung seid, dann achtet lieber auf die Verkehrsampeln.«

31

Jeden Tag führte Meister Zuigan das folgende Selbstgespräch: »Meister!« – »Ja.« – »Wach auf, wach auf!« – »Ja!« – »Lass dich von jetzt an nicht mehr irreführen.« – »Ja, ja.«

32

Meister Hakuin sagte, der Große Tod sei die Voraussetzung für echte Einsicht. Aber um sie zu bewahren, müsse man den Großen Tod einige Male sterben.

33

Ein alter Mann pflegte zu Meister Hyakujōs Ansprachen zu kommen und sich anschließend sofort zu entfernen. Eines Tages jedoch blieb er und berichtete dem Meister, dass er vor langer Zeit selbst dort Meister gewesen sei. Ein Mönch hatte ihn gefragt, ob ein erwachter Mensch noch dem Gesetz von Ursache und Wirkung unterliege, und er hatte geantwortet, ein solcher Mensch sei frei davon. Daraufhin wurde er für mehr als fünfhundert Leben zu einem Fuchs. Könnte ihn wohl Meister Hyakujō durch ein »Umkehrwort« erlösen? Der Meister stimmte zu, und der alte Mann fragte gleich: »Ist ein erwachter Mensch noch dem Gesetz von Ursache und Wirkung unterworfen?« – »Er verbirgt es nicht«, erklärte Meister Hyakujō. Als er das hörte, erwachte der alte Mann, verbeugte sich dankend und bat um die besondere Gunst, dass sein Fuchskörper gemäß den Verbrennungsriten für Mönche eingeäschert würde.

34

Ein Gärtnermeister, der wegen seines Geschicks beim Klettern und Beschneiden hoher Bäumen bekannt war, examinierte seinen Schüler, indem er ihn auf einen sehr hohen Baum klettern ließ. Viele Menschen waren zum Zuschauen gekommen. Der Gärtnermeister stand ruhig da, verfolgte jede Bewegung, griff aber nicht mit einem Wort ein. Nachdem er die Spitze beschnitten hatte, kletterte der Schüler herunter und befand sich nur etwa drei Meter oberhalb des Bodens, als der Meister plötzlich schrie: »Pass auf, pass auf!« Als der Schüler sicher am Boden angelangt war, fragte ein alter Mann den Gärtnermeister: »Ihr sagtet kein Wort, als er hoch oben an der gefährlichsten Stelle war. Warum habt Ihr ihn gewarnt, als er beinahe unten angekommen war? Selbst wenn er von dort abgeglitten wäre, hätte er sich nicht ernsthaft verletzt.« – »Aber ist das nicht ganz nahe liegend?«, erwiderte der Gärtnermeister. »Ganz oben ist er sich der Gefahr bewusst und passt auf sich selbst auf. Aber kurz vor dem Ende, wenn man sich sicher fühlt, gerade dann kommt es zu Unfällen.«

35
MEISTER MUMON sagt ironisch von sich selbst: »Er hat alles so klar gemacht, man braucht lange Zeit, um den Sinn zu verstehen. Wenn ihr bemerkt, dass es töricht ist, nach Feuer mit Feuer zu suchen, dauert die Vorbereitung der Mahlzeit nicht so lange.«

36
EIN ALTER Meister sprach: »Kehrt eure Herzen um und gelangt zum Ursprung. Sucht nicht nach dem, was daraus entsprungen ist! Wenn ihr an die Quelle gelangt seid, wird all das, was aus ihr entsprungen ist, von selbst zu euch kommen. Wenn ihr den Ursprung kennen wollt, dann dringt in euer eigenes ursprüngliches Herz ein. Das Herz ist die Quelle aller Lebewesen in und außerhalb der Welt. Wenn sich das Herz rührt, tauchen unterschiedliche Dinge auf. Wenn aber das Herz selbst vollständig leer wird, werden die verschiedenen Dinge ebenfalls leer. Wird euer Herz weder durch gut noch schlecht umhergetrieben, dann sind die Dinge so, wie sie eben sind.«

37
DER DRITTE Patriarch sagte: »Bindet euch nicht an das eine oder das andere. Sucht nicht nach ihnen. Wenn sich jemand auch nur in geringstem Maß an ›richtig‹ und ›falsch‹ festhält, geht sein Herz im Wirrwarr verloren. Beide existieren nur durch das Eine, aber macht euch nicht einmal an diesem Einen fest. Wenn kein anhaftendes Denken entsteht, dann gibt es an den Dingen nichts Falsches.«

38

Meister Otsu kommentiert das Leermachen des Herzens so: »Das Herz wird leer, die Umstände werden ruhig und der Körper so, wie er eben ist. Wenn es jemandem gelingt, diesen Punkt zu erreichen, dann leuchtet der Spiegel seines Herzens ganz deutlich, und seine Natur öffnet sich weit und klar. Er lässt jeden Irrtum hinter sich und haftet nicht an die Wahrheit. Er verweilt weder im Irrtum noch im Erwachen. Er ist weder weltlich noch heilig. Alle weltlichen Wünsche fallen ab, und gleichzeitig wird die Bedeutung von Heiligsein restlos geleert. Eine derartige Loslösung von allem ist das, was Meister Rinzai ›das vollständige Beiseiteschaffen von sowohl Mensch als auch Umständen‹ nennt. Hier wird absolute Nicht-heit erlebbar, da Selbst und Gegenstand sich gestatten, zum Nichts zu gelangen. Wahre Zen-Erfahrung besteht ausschließlich in diesem ›Fortschaffen von Mensch und Objekt‹. Diese vollständige Nicht-heit ist der ursprüngliche Ort, von dem das gesamte Denken und Wissen entspringt, aber wenn es überhaupt zulässig ist, von einem ›Ort‹ zu reden, ist eine derartige Terminologie nur ein Provisorium. Selbst wenn man ihn als Ungeboren-heit, Nirvana oder Wahrheit charakterisieren möchte, würde das niemals zutreffen. Dies befindet sich jenseits von jeglicher Begrifflichkeit und jeder Möglichkeit, ausgedrückt zu werden; das Denken kann so weit nicht reichen.«

39
MEISTER TOKUSAN sagte darüber: »Wenn du es sagen kannst, bekommst du dreißig Schläge, und wenn du es nicht sagen kannst, bekommst du ebenfalls dreißig Schläge.«

40
MEISTER GANTŌ sprach zu einem Bruder: »Was auch immer die großen Zen-Meister sagen, wie auch immer sie die Schriften darlegen, was hilft all ihr Wissen und Verständnis einer anderen Person? Was aus deinem eigenen Herzen hervorquillt – das ist es, was Himmel und Erde umfasst!«

41
MEISTER MUMON riet: »Anstatt den Körper zur Ruhe zu bringen, beruhige lieber das Herz.«

42
MEISTER RINZAI liebte es zu fragen: »Woran fehlt es in diesem Augenblick?«

43
ER SCHLUG auch vor: »Wenn du einen Schwertkämpfer auf der Straße triffst, dann zeige ihm dein Schwert. Zeige dein Gedicht nicht jemandem, der kein Poet ist.«

44

MEISTER BASO lehrte: »Das Herz ist Buddha.« Später änderte er diese besondere Medizin und lehrte: »Nicht Herz, nicht Buddha.«

Meister Daibai (»Große Pflaume«) war bei Meister Basos »Das Herz ist Buddha« erwacht. Um ihn auf die Probe zu stellen, schickte Meister Baso einen Mönch zu ihm, um ihn auszufragen. Meister Daibai erzählte ihm die Geschichte, wie er Meister Baso gefragt hatte: »Was ist Buddha?«, und wie er bei dessen »Das Herz ist Buddha« erwacht war. Der Mönch sprach: »Meister Baso hat seine Lehre geändert. Heutzutage sagt er: ›Nicht Herz, nicht Buddha.‹« – »Dieser alte Bursche, der sich daran macht, die Leute zu verwirren! Mag er doch sagen, was er will, ich bleibe bei ›Das Herz ist Buddha‹.« Als Meister Baso davon hörte, nickte er zustimmend: »Die Große Pflaume ist reif.«

45

MEISTER NANYŌ, ein anderer Schüler Meister Basos, unterwies seine Mönche: »›Das Herz ist Buddha‹ – das ist die Medizin für kranke Menschen. ›Kein Herz, kein Buddha‹ – das ist ein Heilmittel für Menschen, die durch die Medizin krank geworden sind.«

46

ES GIBT einen Zen-Ausspruch: »Je weiter man in den Bereich des Ursprungs vordringt, umso tiefer wird der Bereich.«

47
Meister Otsu kommentierte das so: »Echte Sanftmut zu erlangen bedeutet, die ursprüngliche Natur in allen Umständen des täglichen Lebens fortbestehen zu lassen.«

48
Meister Sessan sagte: »Das Geheimnis, die Dinge zu sehen, wie sie sind, besteht darin, unsere gefärbten Brillen abzunehmen. Dieses ›Sein, wie es ist‹, mit nichts Besonderem dabei, nichts Wunderbarem, das ist das große Wunder. Die Fähigkeit, die Dinge normal zu sehen, ist keine unbedeutende Angelegenheit; wirklich normal zu sein ist ungewöhnlich. In dieser Normalität brodelt die Inspiration auf.«

49
Meister Sessan sprach: »Es gibt Leute, die sehr wenig üben und noch vor dem Erreichen irgendeines spirituellen Lichtes aufspringen und ohne überhaupt zu denken mit belanglosen großen Worten und feinen Redewendungen hervortreten. Sie betreiben die verschiedensten seltsamen Dinge, um zu zeigen, wie andersartig sie doch sind, und glauben, Achtlosigkeit und Unzuverlässigkeit seien spirituelle Freiheit. Witz verkaufen sie als Erleuchtung und Oberflächlichkeit als Nichtanhaften; sie spezialisieren sich darauf, wie Verrückte zu reden und zu handeln.«

50

Meister Ōbaku, den man häufig dabei sah, wie er sich mit großer Hingabe verbeugte, wurde von einem Schüler gefragt: »Begehrt Ihr irgendetwas vom Buddha, oder etwas, was mit der Wahrheit zu tun hat?« Der Meister erwiderte: »Ich habe nichts vom Buddha zu erbitten oder etwas über die Wahrheit herauszufinden.« – »Wofür dann die Huldigungen?« Der Meister sagte: »Ich huldige einfach nur.«

51

Meister Sessan sagte: »In unserem täglichen Leben sollten wir drei Dinge in Erinnerung behalten: das Zusammenlegen der Hände wie beim Gebet, das Verbeugen wie bei der Anbetung, und die Wohltätigkeit. Das Zusammenlegen der Hände ist die beste Haltung, um Körper und Geist in einen Zustand der Einheit zu bringen; die Verbeugung bedeutet Ehre und Respekt anderen gegenüber; Wohltätigkeit ist die Grundlage für den Frieden in der Gesellschaft. Wenn wir sie ausüben, dann ist es gewiss, dass wir etwas zurückerhalten.

Es gibt noch eine sehr wichtige Redewendung für das tägliche Leben: ›Für das Ideale strebe nach dem Hohen; für die Übung ehre das Niedrige.‹ Wie in dem alten Zen-Spruch: ›Sein Wille tritt auf Vairocanas Kopf; seine Praxis besteht darin, sich einem Kind zu Füßen zu werfen.‹ Dies sollte man gründlich überdenken. Das Ideal muss so hoch stehend und edel sein wie möglich, und zwar eine solche Bewusstheit, die ihren Schuh auf den Wahrheits-Körper des Buddha Vairocana setzen würde. Aber die Praxis muss das Niedrige ehren. In Demut stellt er sich unter die Geringsten.«

52

Meister Hakuin sprach: »Nehmt einmal an, dass in der dichten Menschenmenge im Getümmel des Marktplatzes ein Mann zufällig zwei oder drei Goldstücke verliert. Ihr werdet niemals irgendjemand finden, der – weil der Platz laut und geschäftig ist, oder weil er die Goldstücke in den Schmutz fallen ließ – nicht zurückkehren wird, um nach ihnen zu suchen. Der Mann schubst eine Anzahl von Menschen beiseite, wirbelt eine Menge Staub auf und hastet, während er eine Flut von Tränen vergießt, auf der Suche nach seinem Gold umher. Wenn er es nicht in seine eigenen Hände zurückbekommt, wird er niemals mehr seinen Seelenfrieden finden. Haltet ihr das unvergleichliche im Haar getragene Juwel, euer eigenes euch innewohnendes wunderbares Dao, für weniger wert als zwei oder drei Stücke Gold?«

53

Hier ist ein Gedicht von Meister Chōsha:

Diejenigen, die den Weg ergründen,
Kennen nicht die Wirklichkeit,
Weil sie gleich von Anfang an
Nur den wahrnehmenden Geist erkennen.
Was von anfangslosem Beginn an
Die Quelle von Geburt und Tod gewesen ist,
Dies nennen die törichten Menschen
Den ursprünglichen Körper.

54

Meister Sekitō sprach: »Die Drei Welten der Begierde, der Form und des Formlosen und die Sechs Wege oder Bereiche der Existenz sind nur Erscheinungen, die in eurem eigenen Geist auftauchen, wie Spiegelungen des Mondes im Wasser, wie in einem Spiegel erblickte Bilder.«

55

Meister Chōkei wurde gefragt: »Was versteht man unter dem Wahren Dharma-Auge?« – »Wirf einfach nicht mit Schmutz umher«, lautete die barsche Antwort des Meisters.

56

Meister Unmon sprach: »Obwohl er von Feuer spricht, verbrennt er sich nicht den Mund.«

57

Meister Kyōgen erklärte: »Das gemalte Bild eines Knödels stillt nicht irgendjemandes Hunger.«

58

Im feudalen Japan suchte ein bekannter konfuzianischer Gelehrter einen Zen-Meister auf. »Wie Ihr wohl wisst, habe ich das konfuzianische Wissen studiert, und ich besitze ein gutes Verständnis des Weges. Aber da der Zen-Weg irgendwie anders zu sein scheint, bin ich hergekommen, um Euch darum zu bitten, mir freundlicherweise darüber zu berichten.« Gänzlich unerwartet schlug ihm der Meister direkt ins Gesicht. Überrascht und verwirrt fand sich der Gelehrte außerhalb des Zimmers wieder, und der Meister stand ruhig auf, zog die Tür zu und ging zu seinem Sitz zurück. Der Samuraigelehrte war wütend, als er feststellte, dass er instinktiv geflohen war, und als er nun im Flur stand, hantierte er an seinem Schwertgriff herum und starrte auf die Tür.

Ein junger Mönch, der seine bedrohliche Haltung bemerkte, fragte, worum es gehe. »Nun«, lautete die Antwort, »um überhaupt nichts. Nur eine Beleidigung durch deinen Meister. Ich stand drei Generationen lang im Dienst unter meinem Feudalherrn, und niemals wagte jemand, mir ein Haar zu krümmen… Und jetzt dieser Meister! Aber er darf die Ehre eines Samurai nicht auf solche Art verletzen! Ich werde ihn erledigen…!« Seine bedrohliche Miene gab zu verstehen, dass er es wirklich so meinte. Der Mönch sagte, dass er das überhaupt nicht verstehe, aber zweifelsfrei würde es später klar werden. Möchte der Gast zunächst nicht erst einen Tee trinken?

Er führte ihn zum Tee-Raum, wo er ihm eine Tasse einfüllte. Der Gelehrte führte die Tasse zu seinen Lippen und wollte gerade trinken, als der Mönch unerwartet leicht auf den Arm schlug, der die Tasse hielt. Der Tee ergoss sich über alles. Der Mönch trat dem Konfuzianer gegenüber und sprach: »Ihr habt behauptet, ein gutes Verständnis des WEGES zu besitzen. Was ist nun der WEG?« Der Gelehrte versuchte, irgendeine Redewendung aus den Vier Büchern oder den Fünf Klassikern zu finden, aber es gelang ihm nicht, und er zögerte. Der andere erhob seine Stimme: »Was ist der WEG? Schnell, redet, redet!« Aber es fiel ihm nichts ein. Der Mönch sprach: »Wir waren sehr grob gewesen, aber wollt Ihr nicht in unseren WEG eingeführt werden?«

Der Konfuzianer war keinesfalls mit der Absicht gekommen, von irgendeinem jungen Mönch auf diese Weise unterrichtet zu werden, aber da ihn sein eigener Weg im Stich gelassen hatte, stimmte er notgedrungen zu. Dann griff der Mönch nach einem Lappen und wischte den verschütteten Tee auf, wobei er sprach: »Dies ist unser WEG«, und der Konfuzianer sagte, ohne weiter nachzudenken: »Ja.« Er erlebte ein Aufleuchten von Verständnis und erkannte, dass er trotz seines theoretischen Wissens, dass der WEG greifbar nah war und niemals einen Augenblick lang verlassen werden konnte, er ihn dennoch in weiter Ferne gesucht hatte. Er änderte sein gesamtes Denken und kehrte zur Unterweisung in den Raum des Meisters zurück. Nach Jahren intensiver Übung wurde er zu einer bekannten Gestalt in der spirituellen Geschichte dieser Zeit.

59

EIN JUNGER Mann, der in seinem Leben bitter enttäuscht worden war, begab sich in ein entlegenes Kloster und sagte zu dem Meister: »Ich bin vom Leben enttäuscht worden und wünsche mir, Erleuchtung zu erlangen, um von diesen Leiden befreit zu werden. Aber ich besitze nicht die Fähigkeit, lange bei etwas Sache zu bleiben. Niemals könnte ich lange Jahre mit Meditation, Studium und Entbehrungen zubringen; ich würde zurückfallen und wiederum in die Welt hineingezogen werden, wie schmerzlich dies auch sein mag. Gibt es irgendeinen kurzen Weg für Menschen wie mich?« – »Es gibt ihn«, sagte der Meister, »wenn du wirklich entschlossen bist. Erzähle mir, was du studiert hast und worauf du dich in deinem Leben am meisten konzentriert hast.« – »Nun, eigentlich auf nichts.

Wir waren reich, und ich musste nicht arbeiten. Ich vermute, dass ich wirklich an Schach interessiert war. Damit verbrachte ich die meiste Zeit.«

Der Meister dachte einen Augenblick nach und sagte zu seinem Aufwärter: »Rufe den Mönch Soundso und sage ihm, er möge ein Schachbrett mit Figuren bringen.« Der Mönch kam mit dem Brett, und der Meister stellte die Figuren auf. Er schickte nach einem Schwert und zeigte es den beiden. »O Mönch«, sprach er, »du hast mir als deinem Meister Gehorsam gelobt, und nun verlange ich ihn von dir. Du wirst mit diesem jungen Mann Schach spielen, und wenn du verlierst, werde ich dir mit diesem Schwert den Kopf abschlagen. Aber ich verspreche, dass du im Reinen Land wiedergeboren wirst. Wenn du aber gewinnst, werde ich den Kopf dieses Mannes abschlagen; Schach ist das einzige, worum er sich wirklich hart bemüht hat, und wenn er verliert, verdient er es auch, seinen Kopf zu verlieren.«

Sie schauten in des Meisters Antlitz und sahen, dass er es ernst meinte. Er würde den Kopf des Verlierers abschlagen. Dann begannen sie zu spielen. Bei den Eröffnungszügen fühlte der junge Mann, wie der Schweiß bis zu seinen Fersen hinabtropfte, da er ja um sein Leben spielte. Das Schachbrett wurde seine ganze Welt; er war vollständig darauf konzentriert. Zuerst war der junge Mann im Nachteil, aber dann machte der andere einen schlechten Zug und er ergriff seine Chance, um einen heftigen Angriff zu starten. Als die Position seines Gegners immer schwächer wurde, schaute er ihn heimlich an. Er sah ein intelligentes und aufrichtiges Gesicht, ausgemergelt von den Jahren der Entbehrungen und Anstrengungen. Er dachte über sein eigenes wertloses Leben nach, und eine Welle des Mitleids überkam ihn. Er machte bewusst einen Fehler und dann einen weiteren, wobei er seine Stellung zunichte und sich selbst wehrlos machte.

Plötzlich neigte sich der Meister nach vorn und kippte das Brett um. Die beiden Gegner waren wie betäubt. »Es gibt keinen Gewinner und keinen Verlierer«, sagte der Meister langsam, »es gibt keinen Kopf, der hier fallen wird. Nur zwei Dinge sind erforderlich«, und dabei wandte er sich an den jungen Mann, »volle Konzentration und Mitgefühl. Du hast sie heute beide erlernt. Du warst vollständig auf das Spiel konzentriert, aber bei dieser Konzentration konntest du Mitgefühl empfinden und dein Leben dafür hingeben. Bleibe jetzt einige Monate hier, führe in diesem Geist unsere Übung fort, und dein Erwachen ist sicher.«

60

Der grosse Drache an der Wand der Haupthalle des Tempels Myōshin-ji wurde von dem berühmten Kanō Tanyū gemalt. Zu jener Zeit war Meister Gudō Meister des Myōshin-ji und berühmt als Lehrer des Kaisers. Er hatte davon gehört, dass die von Tanyū gemalten Drachen derart realistisch waren, dass nach einem zufälligen Einsturz einer Decke, auf die einer gemalt worden war, einige sagten, dies sei durch die Bewegung des Drachenschwanzes hervorgerufen worden.

Als das geplante Drachengemälde im Myōshin-ji beraten wurde, begab sich Gudō zum Haus des Malers und berichtete ihm: »Aus diesem besonderen Anlass möchte ich den Drachen nach lebendigem Vorbild gemalt haben.« Der Maler war selbstverständlich verblüfft und sprach: »Dies kommt so gänzlich unerwartet. Tatsächlich schäme ich mich zu sagen, dass ich niemals einen lebendigen Drachen gesehen habe.« Daher müsse er den Auftrag ablehnen. Der Zen-Meister stimmte wohl zu, dass es unvernünftig wäre, von jemandem das Gemälde eines lebendigen Drachen zu verlangen, der noch niemals einen gesehen hatte. Er schlug ihm aber vor, er solle sich so bald wie möglich einen Drachen ansehen. Der Maler fragte nachdenklich: »Wo kann man denn einen lebendigen Drachen sehen? Wo hausen sie wohl?« – »Oh, das ist kein Problem. Bei mir gibt es jede Menge davon. Kommt und seht und malt einen.« Tanyū ging erfreut mit dem Meister mit und fragte sofort, als sie ankamen: »Hier bin ich nun, um die Drachen anzuschauen. Wo sind sie?« Der Meister, der seinen Blick im Raum umherschweifen ließ, erwiderte: »Hier sind viele; könnt Ihr sie nicht sehen? Wie schade!«

Der Maler fühlte sich von Bedauern überwältigt und verbrachte die nächsten zwei Jahre bei Meister Gudō, in denen er gewissenhaft Zen übte. Eines Tages geschah etwas, und er eilte aufgeregt zum Meister und sprach: »Durch Eure Güte habe ich heute die Gestalt eines lebendigen Drachens gesehen!« – »Oh, wirklich? Aber sagt mir, wie klang sein Gebrüll?« Bei dieser Frage geriet der Maler wiederum in Verlegenheit und mühte sich ein weiteres Jahr mit seinen spirituellen Übungen ab.

Was er am Ende des Jahres malte, war der Drachen des Myōshin-ji, ein Meisterwerk in der Geschichte der Kunst, bemerkenswert aufgrund seiner technischen Gestaltung, aber noch weit mehr durch das Leben, das der Künstler hineingelegt hat. Es scheint das große Leben zu enthalten, welches Himmel und Erde umfasst, das Universum und auch den Menschen. Um zu dieser Wirklichkeit vorzustoßen, vergoss der Maler Tanyū drei Jahre lang sein Herzblut. Aber nachdem das Erlebnis der Realität erreicht worden war, musste er nicht mehr weitersuchen.

61

MEISTER SESSAN sprach: »Es ist kein Zufall, dass im buddhistischen Kodex die Tugend, sich am Wohl anderer zu erfreuen, sogar das Geben übertrifft. Diese Tugend, sich am Wohl anderer zu erfreuen, ist wahrlich etwas Edles, vortrefflich und verdienstvoll.

Jetzt mag irgendjemand enthusiastisch aufspringen und sagen: ›Ich stimme zu, sich für andere zu freuen, ist eine feine Sache. Was du gesagt hast, ist ganz richtig, und von jetzt an werde ich es tun. Anstatt mich um Verdienste zu bemühen, indem ich Geld spende oder mir die Knochen breche, indem ich diese öffentlichen Bewegungen oder wohltätige Aktivitäten unterstütze, die ein derartiges Ärgernis sind, werde ich dabei zusehen, wie es die anderen machen, mich anschließend daran erfreuen und ihnen berichten, wie gut sie gehandelt haben und wie lobenswert all das ist! Wie günstig, dass das Sicherfreuen mehr wert ist als das Geben! Was für eine wunderbare Religion der Buddhismus doch ist!‹

Dies ist der allergrößte Irrtum. Wer sich von Herzen an den guten Taten eines anderen erfreut, kann niemals zufrieden sein, wenn er sie nicht auch selbst vollbringt. Es gibt Lobpreis und Freude beim Anhören des Dharmas, aber die echte Tugend besteht darin, sie von Herzen in allen rechten Handlungen zu spüren. Und der Irrtum liegt nicht nur darin, selbst keine richtigen Handlungen durchzuführen, sondern sie anderen nicht zu gönnen und sie verderben zu wollen. Dabei wird man zu einem bloßen Werkzeug der Leidenschaften, die aus einer engen Selbstbezogenheit entstehen und einen nur zu einem Sklaven von Namen und Profit machen.«

62

Meister Sessan sprach: »Der erhabene Kaiser Kiso der Tang-Dynastie in China besuchte eines Tages den Tempel Kinzanji am Yangtse-Ufer. Die Gegend am Tempel ist außergewöhnlich ansprechend, und der Thron wurde auf die Spitze des Tempelturmes gestellt, von wo man den besten Blick auf den Fluss hatte. Der Kaiser wurde zu seinem Sitz geleitet. Er erblickte zahllose Boote auf dem großen Fluss, von denen einige stromauf, die anderen stromab fuhren, manche nach rechts und andere nach links, sodass man den Fluss irrtümlich für das Meer hätte halten können. Er war überaus froh, den Reichtum des Landes zu sehen, dessen Herrscher er war, da Handel und Gewerbe derart florierten.

An seiner Seite stand Zen-Meister Ōbaku, und der Kaiser äußerte ihm gegenüber: ›Ich möchte wohl wissen, wie viele Segelschiffe sich auf dem Fluss befinden.‹ Der Meister glättete seine Robe und antwortete respektvoll: ›Nur zwei.‹

Der zufriedene Gesichtsausdruck des Kaisers war wie fortgewischt. Was meinte er wohl mit seinen zwei Schiffen? Sogar jetzt vor den eigenen Augen gab es mindestens etwa hundert, oder vielleicht sogar zweihundert! Zwei Schiffe! Dass ich nicht lache! Hatte er keine Achtung vor seinem Kaiser, lachte er ihn aus und hielt ihn zum Narren? Sein Gesicht drückte aus, dass seine Antwort unverzeihlich war. ›Wieso zwei Schiffe?‹, wollte er wissen.

Meister Ōbakus Miene verriet nicht die geringste Unruhe. Respektvoll antwortete er: ›Hier gibt es nur das Schiff Name und das Schiff Profit.‹ Name bedeutet hier die Suche nach Ruhm, und Profit steht für die Suche nach Gewinn. ›Wie Eure Majestät sehen, gibt es viele Schiffe auf dem Fluss, aber eine Hälfte von ihnen fährt des Ruhmes wegen, und die andere, um Geld zu machen. Das Schiff Ruhm und das Schiff Gewinn – es gibt nur diese beiden auf dem Fluss.‹

Während er diesem Gedanken nachging, gab der Kaiser einen tiefen Seufzer von sich; es war so, wie der Abt gesagt hatte. Er erteilte Aufträge für eine Reform, die die berühmte Tang-Kultur zur Folge hatte.«

63

Vor der Meiji-Restauration 1868 war Zen-Meister Kendō, eine große spirituelle Gestalt, der Meister des Tempels Yōken-ji von Saheki in Kyūshū. Dies war der Tempel des Mori-Clans, und einer der leitenden Angestellten hatte sich ungezügelter Extravaganz und dem Luxus hingegeben und war in ein regelrechtes Lotterleben hinabgesunken. Der Meister, der das für bedauerlich hielt, machte ihm einige Male Vorhaltungen, aber anstatt zuzuhören, nahm er ihm die Einmischung übel und begann nach irgendeinem Vorwand zu suchen, um den Meister in Ungnade zu bringen. Der Meister war jedoch ein Mann des wirklich heiligen Lebens, war innerlich und äußerlich rein, ohne irgendeinen Angriffspunkt für Kritik zu bieten. Aber es tauchte ein Gerücht auf, demzufolge der Meister nachts aufstand, immer wenn die anderen sich zur Ruhe begeben hatten, und in der Abgeschiedenheit seines Zimmers ein üppiges Mahl zu sich zu nehmen pflegte. Der Bedienstete griff dieses Gerücht auf und kroch während der Dunkelheit in den Tempelgarten und hinauf in des Meisters Zimmer. Er erhielt die Bestätigung seiner Vermutung, dass der Meister mit ganz offensichtlichem Genuss aß. Voller Freude darüber, seinen Feind in der Falle zu haben, stellte er sich am nächsten Morgen am Hof des

Lehnsherren ein. Der Leiter des Mori-Clans war Graf Takayasu, ein intelligenter Mann und zudem noch aufrichtiger Anhänger des Meisters. Er war aber bestürzt, als er die Geschichte hörte, glaubte, sie sei wahr, und versteckte sich am nächsten Abend im Garten. Als er in das Zimmer des Meisters hineinschaute, aß der Meister tatsächlich ungehemmt. Ohne Zögern brach er durch das Fenster in den Raum ein. Der überraschte Meister bedeckte rasch die Schale, aus der er aß, stellte sie außer Sichtweite und fragte dann: »In welch dringender Angelegenheit verdienen wir die Ehre eines Besuches zu dieser ungewöhnlichen Stunde? Bitte verzeiht das fehlende Zeremoniell beim Empfang Euer Gnaden.« Der Lehnsherr antwortete streng: »Hier gibt es keine Möglichkeit zum Verzeihen. Was habt Ihr gerade versteckt?« Der Meister bat ernsthaft darum, dass die Angelegenheit nicht weiter beachtet würde, entschuldigte sich zu wiederholten Malen und verbeugte sich bis zum Boden. Der Edelmann weigerte sich zuzuhören und tat so, als wolle er die Schale gewaltsam ergreifen, woraufhin der Meister ihm widerwillig ihren Inhalt zeigte. Er sprach: »Ich schäme mich, dass dies Euer Gnaden zu Ohren gekommen ist. Viele Mönchsschüler kommen aus unterschiedlichen Landesteilen hierher, und obwohl ich ihnen immer wieder einpräge, nicht einmal einen Tropfen Wasser zu verschwenden oder leichtfertig ein Stückchen Gemüse oder Reiskörner wegzuwerfen, gibt es so viele unter ihnen – die meisten von ihnen sind jung –, die trotz meiner Ermahnungen die abgeschnittenen Gemüse- und Reisteilchen ins Abflussrohr unten in der Küche werfen. Um dem ein Ende zu bereiten, brachte ich ein kleines Sieb am Ende des Abflussrohres an, und wenn alle schlafen, sammele ich ein, was sich darin befindet, koche es und verwende es für mein eigenes Abendessen. Dies mache ich nun schon viele Jahre lang. Ich bedaure sehr, dass solch eine schmutzige Geschichte Eure erhabenen Ohren beunruhigen muss.«

Als er das hörte, war der Lehnsherr tief bewegt und bat mit Tränen in seinen Augen darum, dass ihm sein eigenes Verhalten vergeben würde.

64

Meister Baso fragte Meister Hyakujō, welche Wahrheit er lehre. Meister Hyakujō hielt seine Fliegenklatsche hoch. Baso sagte: »Ist das alles? Nichts sonst?« Meister Hyakujō senkte seine Fliegenklatsche.

65

Zwei Mönche gingen, in ein Gespräch vertieft, gemeinsam ihres Weges. Der eine sagte: »Wenn es im Leben und Tod keinen Buddha gäbe, dann gäbe es kein Leben und keinen Tod.« Der andere sagte: »Wenn es den Buddha im Leben und Sterben gäbe, gäbe es keine Täuschung im Hinblick auf den Tod und das Leben.« Sie diskutierten hin und her, und es kam zu keinem Ende. Schließlich stiegen sie hinauf zum Kloster und befragten Meister Daibai dazu. Der eine fragte: »Welche der beiden Ansichten ist inniger?« Meister Daibai sagte: »Die eine ist inniger, die andere entfernter.« – »Welche ist die innigere?«, fragte der Mönch. »Geh fort und frag mich morgen wieder«, sprach Meister Daibai. Am nächsten Tag kam der Mönch wieder und fragte. Meister Daibai äußerte: »Ein Inniger stellt keine Fragen. Wer fragt, ist nicht innig.« Der Mönch sagte später: »Während meiner Zeit bei Meister Daibai verlor ich mein Buddha-Auge.«

66

Als Meister Daibai im Sterben lag, sprach er zu seinen Mönchen: »Was kommt, dem weiche man nicht aus; was geht, dem folge man nicht nach.« Ein wenig später hörte er ein Flughörnchen schreien und sagte: »Genau das ist es und nichts sonst. Bewahrt das treu und brav. Jetzt muss ich fortgehen.«

67

Meister Sokei-an sagt von diesem Augenblick: »Wenn dies kommt, könnt ihr nichts mehr tun. Schließt eure Augen und legt eure Hände aneinander. Geht mit dem zurück, was euch nicht gehört, hinein in den ursprünglichen Zustand, aus dem ihr gekommen seid!«

68

Meister Nansen, der von einem Mönch gefragt wurde: »Wo geht derjenige hin, der weiß, was was ist?«, antwortete: »Er wird ein Ochse des Klosteranhängers unten am Hügel, um ihn für seine Hilfe zu entlohnen.« Als ihm der Mönch für diese Lehre dankte, fügte der Meister hinzu: »Gestern um Mitternacht schien der Mond ins Fenster.«

69

Zu anderer Zeit befragt: »Wohin wird der Meister in hundert Jahren gegangen sein?«, antwortete Meister Nansen: »Ich werde ein Wasserbüffel sein.« Der Mönch fragte: »Darf ich euch folgen oder nicht?« Meister Nansen sagte: »Wenn du das tust, dann bringe ein Maul voll Gras mit!«

70
Meister Shikō sagte in einem Gedicht:

Dreißig Jahre lang lebe ich auf dem Berg Shikō;
Zwei Mahlzeiten aus Haferschleim sind ausreichend, um gesund zu bleiben.
Ich steige auf den Berg und komme sicher zurück.
Kennen mich die Menschen, die zu mir kommen, oder nicht?

71
Ein Mönch fragte Meister Roso: »Welches ist das wortlose Wort?« Meister Roso sagte: »Wo ist dein Mund?« Der Mönch antwortete: »Ich habe keinen.« – »Womit isst du dann?«, fragte der Meister. Der Mönch wusste keine Antwort.

72
Meister Nansen wusch Kleider. Ein Mönch fragte: »Macht der Meister noch solche Dinge?« Meister Nansen, hob seine Kleider hoch und fragte: »Was soll mit ihnen sonst geschehen?«

73
Ein Mönch fragte Meister Jōshū: »Was ist der Buddha?« – »Der in der Halle.« Der Mönch sagte: »Der in der Halle ist ein Bild, ein Klumpen Schlamm.« Jōshū stimmte zu: »Ja, so ist es.« – »Also was ist der Buddha?«, beharrte der Mönch. »Der in der Halle.«

74

Meister Jōshū war ein Schüler und Erbe von Meister Nansen. Als Jōshū zum ersten Mal zu ihm kam, lebte Nansen in der »Klause des Glück verheißenden Bildes«. Der Meister ruhte gerade in seinem Zimmer. Er sah einen neuen Mönch hereinkommen und fragte: »Wo kommst du gerade her?« Jōshū sagte: »Aus der Klause des Glück verheißenden Bildes.« – »Siehst du das Glück verheißende Bild?«, fragte Meister Nansen. »Nein«, sprach Jōshū, »aber ich sehe einen Tathāgata[5], der gerade daliegt.« Meister Nansen richtete sich auf und fragte: »Bist du ein Mönch mit einem Meister oder meisterlos?« – »Ich bin Mönch mit einem Meister«, erwiderte Jōshū. »Wer ist dein Meister?«, forschte Nansen. Jōshū sprach: »Es ist gerade Frühling und noch kalt; ich bin tief dankbar, meinen verehrten und gesegneten Meister bei guter Gesundheit vorzufinden.« Meister Nansen rief seinen Aufwärter und sagte zu ihm: »Bring diesen Mönch irgendwo unter.«

75

Ein Mönch, der bei Meister Kassan gewesen war, begab sich auf Pilgerfahrt zu allen Zen-Orten, fand aber nirgendwo etwas, was ihm zusagte. Darüber hinaus hörte er überall, wie Meister Kassan als großer Lehrer gepriesen wurde. Also kehrte er zurück und fragte Meister Kassan: »Ihr seid dafür bekannt, ein tiefgründiges Verständnis zu besitzen; warum habt Ihr mir das nicht deutlich gemacht?« Meister Kassan antwortete: »Habe ich nicht Feuer gemacht, als du Reis kochtest? Habe ich, als du Essen aus-

5 »Der so Gekommene«, eine Bezeichnung für den Buddha.

teiltest, nicht meine Schale hingehalten, um es in Empfang zu nehmen? Wann habe ich deine Erwartungen enttäuscht?« Hierbei erwachte der Mönch.

76

Eine Nonne fragte Meister Jōshū: »Welches ist das unerklärliche Geheimnis?« Der Meister klopfte ihr leicht auf den Ellenbogen. Sie sagte: »Ihr haltet Euch noch an etwas fest.« – »Nein«, sagte Meister Jōshū, »du hältst dich daran fest!«

77

Meister Gensha sagte einmal zu seinen Mönchen: »Überall herrscht großes Interesse an den Mitteln, um den Lebewesen die Erlösung zu verschaffen.[6] Was ist aber, wenn ihr einem blinden Taubstummen begegnet? Er könnte eure Gesten nicht sehen noch eure Ansprache hören, und er könnte nicht einmal eine Frage stellen. Aber wenn es euch nicht gelingt, ihm zu helfen, dann seid ihr nichts wert.«

78

Einer seiner Mönche ging zu Meister Unmon, um ihn über ebendies zu befragen. »Mach deine Verbeugung«, befahl Meister Unmon. Als er sich wieder erhob, tat Meister Unmon so, als wolle er ihn schlagen. Der Mönch zuckte zurück. »Du bist also nicht blind«, sprach Meister Unmon. »Tritt näher.« Der Mönch tat wie befohlen. »Und du bist auch nicht taub. Verstehst du?« – »Verstehen?

6 Dies ist das erste der Vier Gelübde.

Was?«, fragte der Mönch verblüfft. »Du bist auch nicht stumm«, kommentierte Meister Unmon. Als er diese Worte hörte, erwachte der Mönch wie aus einem tiefen Schlaf.

79

EIN MÖNCH wollte Meister Gasan aufsuchen. Noch bevor er seine Verbeugung gemacht hatte, streckte der Meister seine Hand aus und fragte: »Warum nennt man dies eine Hand?« Dann, wiederum bevor der Mönch antworten konnte, streckte er ein Bein aus und fragte: »Und warum nennt man das ein Bein?« Der Mönch öffnete seinen Mund und wollte gerade antworten, als Meister Gasan seine Hände zusammenklatschte und lachte. Der erschrockene Mönch zog sich ohne ein Wort zurück. Am nächsten Tag kam er wieder, und Meister Gasan warnte ihn: »Heutzutage gehen Zen-Übende zu leichtfertig mit den kostbaren Aufgaben um. Ohne sich entsprechend zu disziplinieren, sind sie schnell bei der Hand, Kommentare abzugeben oder Gedichte über die Fragen zu schreiben. Sie sind nicht besser als Windbeutel, und nicht einer von ihnen würde einen guten Lehrer abgeben. Wenn du wirklich Zen willst, gib all das als wertlos auf, was du gelernt und erfahren hast. Bemühe dich voll und ganz. Stirb und werde dann wiedergeboren!« Bei diesen Worten erwachte der Mönch plötzlich.

80

EIN MÖNCH suchte Meister Hōgen auf, der ihn fragte, woher er komme. Er antwortete: »Von Meister Jōshū.« Meister Hōgen sagte: »Lehrt Jōshū nicht ›den Eichbaum im

Garten‹?« Der Mönch verneinte das. Meister Hōgen insistierte: »Aber jedermann sagt doch, dass, wenn er über die Bedeutung von ›Bodhidharmas Kommen aus dem Westen‹ gefragt wird, Jōshūs Antwort lautet: ›Die Eiche vor dem Garten‹. Wie kannst du das abstreiten?« Der Mönche sprach: »Mein Meister sagte nichts dergleichen. Bitte beleidigt nicht den verstorbenen Meister.« Meister Hōgen kommentierte: »Du bist wahrlich ein Löwenjunges!«

81

Meister Kyōgen sprach: »Im letzten Jahr war meine Armut keine echte Armut, aber in diesem Jahr ist sie real. Im letzten Jahr war nichts da, worin eine Ahle hätte stechen können, aber dieses Jahr habe ich nicht einmal eine Ahle.«

82

Meister Kankei hatte unter Meister Rinzai geübt und seine Schulung unter Meisterin Massan (»End-Berg«) abgeschlossen.

Als er zum ersten Mal zu Meister Rinzai kam und dessen Zimmer für eine Unterredung betrat, packte ihn Meister Rinzai am Kragen. Kankei sagte: »Ich verstehe, ich verstehe!« Der Meister ließ ihn gehen und sprach: »Ich erspare dir zwanzig Schläge!« Kankei blieb und übte unter ihm. Später pflegte er zu sagen: »Als ich Meister Rinzai aufsuchte, gab es weder Gespräch noch Erklärung. Jetzt bin ich nicht mehr hungrig.«

Von dort begab er sich zu Meisterin Massan und entschied: »Wenn das, was sie sagt, den Kern trifft, werde ich dort bleiben. Wenn nicht, dann werde ich ihren Zen-

Sitz[7] umkippen.« Er betrat die Halle, und sie schickte jemanden, um zu fragen: »Bist du auf deiner Reise gekommen, um die Berge zu sehen oder wegen der Buddhalehre?« Als er sich zugunsten der zuletzt Genannten äußerte, bestieg sie ihren Hohen Sitz. Er kam darauf zu. Meisterin Massan sprach: »Woher kommst du heute?« Er antwortete: »Von Roko.« – »Warum legst du nicht dein Gepäckbündel ab?«, fragte die Meisterin. Kankei wusste keine Antwort, verbeugte sich und fragte: »Was ist mit dem ›End-Berg‹?« Sie antwortete: »Er zeigt nicht seinen Gipfel.« Er fragte: »Wer ist Massans Meister?« Sie antwortete: »Es gibt keine wirkliche Gestalt von Männern oder Frauen.« Kankei gab ein Katsu in Rinzais ›Stil‹ und fragte nochmals: »Warum verändert Ihr Euch nicht und verschwindet?« Meisterin Massan sprach: »Ich bin kein Gott; ich bin kein Teufel; was könnte ich ändern?« Kankei kniete nieder und blieb; er arbeitete im Garten. Nachdem er sich später niedergelassen hatte, sprach Meister Kankei vom Hohen Sitz: »Als ich bei Onkel Rinzai war, bekam ich eine halbe Kelle Reis und bei Tante Massan eine halbe Kelle Haferschleim. Sie machten zusammen eine Kelle, und ich aß sie auf. Jetzt bin ich satt und schnarche.«

83

Meister Tennō wurde von einem Mönch gefragt: »Ich bin jetzt drei Jahre lang bei Euch und erhielt noch keine Unterweisung. Warum?« Der Meister sprach: »Belehre ich dich nicht, seitdem du gekommen bist?« – »Wann habt

7 Den hohen Stuhl, von denen aus die Zen-Meister unterrichteten oder Unterredungen abhielten.

Ihr mir irgendeine Unterweisung zuteilwerden lassen?«, fragte der Mönch. Meister Tennō sprach: »Als du mir Tee brachtest, nahm ich ihn von dir an. Als du dich vor mir verbeugtest, neigte ich meinen Kopf zu dir. Wann unterwies ich dich nicht?« Als der Mönch noch darüber nachdachte, fügte Meister Tennō hinzu: »Wenn du schaust, dann schau einfach. Wenn du dir darüber Gedanken machst, wirst du nicht zum Wesentlichen vordringen.« Dabei erwachte der Mönch.

84

Ein Mönch auf Pilgerfahrt hatte große Meister aufgesucht, ohne klären zu können, was seiner Ansicht nach noch fehlte. Ziemlich niedergeschlagen kam er zu Meister Tokusan und fragte ihn: »Ist es auch für mich möglich, einen Anteil an den Überragenden Lehren der Patriarchen zu bekommen?« Meister Tokusan schlug ihn und sprach: »Worüber sprichst du überhaupt?« Am nächsten Tag bat der Mönch um eine Erklärung. Meister Tokusan sagte: »Meine Lehre hat keine Worte und Sätze. Sie hat niemandem irgendetwas zu geben.« Hierbei erwachte der Mönch.

85

Ein Mönch sprach zu Meister Seppō: »Ich habe meinen Schädel rasiert, die Robe genommen, die Gelübde empfangen – warum kann ich nicht als ein Buddha angesehen werden?« Meister Seppō sprach: »Es gibt nichts Besseres als ein Fehlen von Tugend.«

86

Ein Mönch fragte Meister Gensha: »Als die alten Meister den Stock oder die Fliegenklatsche anhoben – brachten sie dadurch das Wesen des Zen zum Ausdruck?« – »Nein«, sagte der Meister. Der Mönch fragte: »Was war der Sinn ihrer Handlungen?« Meister Gensha erhob die Fliegenklatsche. Der Mönch fragte: »Was ist das Wesentliche der Buddhalehre?« Der Meister sprach: »Wenn du erwacht bist, wirst du es wissen.«

87

Meister Gensha aß mit einem General gerade Kuchen, als der fragte: »Was gebrauchen wir jeden Tag, kennen es aber nicht?« Der Meister bot ihm einen Kuchen an: »Nehmen Sie einen.« Der General aß ihn und wiederholte seine Frage. Meister Gensha sprach: »Wir verwenden es jeden Tag, aber wir kennen es nicht.«

88

Als Meister Rakan einen Mönch herbeikommen sah, erhob er seine Fliegenklatsche. Der Mönch verbeugte sich. Meister Rakan sprach: »Warum hast du dich verbeugt?« – »Aus Dankbarkeit«, sagte der Mönch. Der Meister schlug ihn und sagte: »Du erzählst mir, dass du dich verbeugt hast, als du sahst, wie ich die Fliegenklatsche anhob. Warum hast du mir nicht täglich gedankt, als du sahst, wie ich den Erdboden fegte oder den Fußboden reinigte?«

89

MEISTER RINZAI kam zum Grabmahl von Bodhidharma. Der Amtsinhaber dort fragte: »Wird Eure erste Verbeugung dem Buddha oder dem Patriarchen gelten?« Meister Rinzai antwortete: »Weder dem einen noch dem anderen.« Der Amtsinhaber fragte: »Welchen Streit gibt es zwischen Euch und dem Buddha und dem Patriarchen?« Meister Rinzai ging fort.

90

WÄHREND SEINES Aufenthaltes in einem Tempel – es war mitten im Winter – benutzte Meister Tanka eine hölzerne Buddhastatue, um Feuer zu machen.[8] Der amtiernde Mönch kam herbeigelaufen: »Was tut Ihr?« – »Eine hölzerne Statue verbrennen.« – »Aber es ist doch ein Buddha!« Meister Tanka wühlte in der Asche und fragte: »Kannst du darin irgendein Shari[9] erkennen?« – »Wie könnt Ihr denn erwarten, Shari in einer hölzernen Statue zu finden?« – »Oh, wenn es nur darum geht«, sagte Meister Tanka, »könnte ich dann noch eine weitere bekommen, um warm zu bleiben?«

91

AN EINEM kalten Wintertag kam eine herrenloser Samurai zu Meister Eisai und bettelte ihn an: »Ich bin arm und krank; meine Familie stirbt vor Hunger. Bitte, Meister,

8 Das Zerstören von Buddhadarstellungen ist eines der Fünf Ruchlosen Verbrechen.

9 Jap. Aussprache von sanskr. *śarīra*: Reliquiensteine, die angeblich in der Asche von Heiligen verbleiben.

helft uns.« Meister Eisai, der an Entbehrungen gewöhnt und ebenfalls arm war, konnte ihm nichts geben. Dann erinnerte er sich an die Buddhastatue in der Halle. Er ging los, nahm den Glorienschein ab und gab ihn dem Samurai: »Verkaufe dies, es sollte dich über die Runden bringen.« Trotz seiner Verlegenheit nahm ihn der verzweifelte Samurai an und ging.

Einer der Mönche war nur noch entsetzt. »Was habt Ihr getan, Meister? Das ist ein Sakrileg!« – »Wahrlich, ein Sakrileg! Hast du nicht von Meister Tanka gehört, der eine Buddhastatue verbrannte, um sich zu wärmen? Was ich getan habe, ist sicherlich nur halb so schlimm. Ich habe lediglich vom Herzen des Buddha Gebrauch gemacht, das voll von Liebe und Mitleid ist. Hätte er von der Misere dieses armen Samurai gehört, so hätte er sich um seinetwillen eines seiner Glieder abgetrennt!«

92

Ein Mönch fragte Meister Sōsan: »Bitte versprüht doch das Mitgefühl eurer Lehre, sodass ich befreit werden könnte.« – »Wer hat dich in Fesseln gelegt?«, fragte der Meister. »Niemand.« Meister Sōsan sagte: »Warum bittest du dann darum, befreit zu werden?« Hierbei erwachte der Mönch vollständig.

93

Meister Yōka warnt: »Das Zurückweisen der Dinge und das Sichanklammern an die Leere sind dieselbe Krankheit. Das ist so, als würfe man sich ins Feuer, um dem Ertrinken zu entgehen.«

94

MEISTER DŌGEN sagte: »Die Blüten fallen, obwohl wir es bedauern, und das Unkraut wächst, obwohl es uns nicht gefällt.«

95

MEISTER DŌSHI sagte: »Der weise Mann tut nichts; der Narr legt sich selbst Fesseln an.«

96

MEISTER RINZAI sagte: »Wenn ich hungrig bin, dann esse ich; wenn ich müde bin, schlafe ich. Narren lachen mich aus. Die Weisen verstehen.«

97

MEISTER SŌSAN sagte: »Verbirg deine guten Taten und halte dein Wirken geheim. Schaue drein wie ein Einfaltspinsel oder wie ein Narr.«

98

Ein altes Gedicht weist darauf hin:

> Fehler und Täuschungen
> Sollte man nicht blindlings
> Loswerden.
> Seht nur die sauren Kakifrüchte!
> Getrocknet werden sie süß.

99

Meister Sokei-an erzählt uns, dass »Zen aus der Ruhe eine Religion macht«. Er sagt: »Heutzutage haben die Menschen vergessen, was Religion ist. Sie haben eine besondere Liebe vergessen, die ihre menschliche Natur mit der Großen Natur vereint. Diese Liebe hat nichts mit menschlicher Liebe zu tun. Wenn ihr inmitten dieser Natur steht, dann fühlt ihr diese Liebe der Großen Natur… Zen-Schüler müssen diese besondere Liebe erfahren. Das ist Religion.«

100

Ein alter Herr kam zu Meister Taian, um Hilfe zu suchen. Er war Kammerherr bei Hofe gewesen, befand sich aber jetzt im Ruhestand. Seine Kinder waren erwachsen und verheiratet. Kürzlich war seine Frau gestorben, und er war bitter einsam. Er glaubte, dem nicht länger gewachsen zu sein und war darum zu dem Meister gekommen, der gewissermaßen seine letzte Hoffnung war.

Meister Taian dachte nach, was man tun könnte. Es war unwahrscheinlich, dass die förmliche Sitz-Meditation helfen würde. Das Sitzen in der steifen, formellen Haltung während der Audienzen hatte der alte Herr während des größten Teils seines Lebens und damit wahrlich genug praktiziert. Sollte er ihm raten, die Natur zu betrachten? Wie heilsam das auch wohl sein könnte, es blieb doch zu fragen, ob der kultivierte alte Herr dazu fähig wäre. Da er in der großen Sammlung von Gedichten bewandert war, bliebe zu fragen, ob nicht ein passendes Gedicht zwar sein Gemüt aufhellen, ihn aber an der Unmittelbarkeit des Erkennens hindern könnte. Was also könnte man für ihn tun?

Schließlich schlug Meister Taian vor: »Geht nach Hause zurück. Und wenn ihr Euch demnächst wieder verzweifelt fühlt, dann geht in Euren innersten Raum, schließt die Tür, sodass Ihr völlig allein und unbeobachtet seid, und vollführt neun vollständige Niederwerfungen, ohne zu überlegen oder nachzudenken, für wen, was oder warum. Eben wenn Ihr Euch wirklich verzweifelt fühlt, könnt Ihr Euch einfach niederlegen, mit dem Zutrauen eines kleinen Kindes, aus keinem Grund und ohne etwas zu erwarten. Und seht dann, was geschieht.«

Tränen lagen in den Augen des alten Herrn, als er seinen Dank aussprach und ging. Einige Monate später kam er zurück. »Mein Leben hat sich verändert. Wollt Ihr mich als Euren Schüler annehmen?« – »Ihr seht jetzt glücklich aus«, sagte Meister Taian, »gibt es sonst noch etwas?« – »Nein«, antwortete er, »dank Eurer Hilfe ist alles gut.« – »Warum es dann nicht anwenden?«, fragte Meister Taian.

Die Autorin

Irmgard Schlögl erhielt ihre Ausbildung im Kloster Daitoku-ji in Japan, wo sie über zwölf Jahre unter den aufeinander folgenden, inzwischen verstorbenen, Meistern Sessō-Rōshi und Sōjun-Rōshi arbeitete.

1977 gründete sie das Zen-Zentrum London im Haus von Christmas Humphreys, der es dem Zen-Zentrum testamentarisch vermacht hatte. 1984 wurde sie als Ehrwürdige Myōkyō-ni vom Abt des Daishū-in, Sōkō Morinaga-Rōshi, ordiniert, der während der ersten zwei Jahre ihres dortigen Trainings leitender Mönch gewesen war. Gleichzeitig wurden für das Zen-Zentrum die Voraussetzungen eines Übungstempels unter dem Namen Shōbō-an geschaffen.

Myōkyō-ni Irmgard Schlögl starb 86-jährig im März 2007.

Im gleichen Verlag

Kakuzo Okakura
Die Ideale des Ostens
ISBN 978-3-932337-10-9

Myokyo-ni Irmgard Schlögl
Die sanfte Wandlung des Bullen
Die zehn Bullenbilder –
Eine spirituelle Reise
ISBN 978-3-932337-24-6

Hans-Günter Wagner
Das Kostbarste im Leben
Geschichten und Anekdoten des Chan-Buddhismus
ISBN 978-3-932337-26-0

Sekkei Harada
Zen: Erwachen
zum wahren Selbst
ISBN 978-3-932337-08-6

Claudia Braun-Rom
Buddhismus und Erziehung
ISBN 978-3-921508-86-2

Gesamtkatalog kostenlos vom

Werner Kristkeitz Verlag
Löbingsgasse 17 • 69121 Heidelberg • www.kristkeitz.de